Selig, die barmherzig sind

Wolfgang Tripp (Hg.)

Selig, die barmherzig sind

Zumutungen der Gottes- und Nächstenliebe – die Werke der Barmherzigkeit

Schwabenverlag

www.schwabenverlag-online.de

Umschlaggestaltung: Finken & Bumiller, Stuttgart
Umschlagabbildung: © Sieger Köder, Werke der Barmherzigkeit.
Kieler Altar (Ausschnitt)
Gesamtherstellung: Schwabenverlag, Ostfildern
Printed in Germany

ISBN 978-3-7966-1410-1

Inhalt

Vorwort

Die spirituelle Tradition der Christenheit kennt die »Werke der Barmherzigkeit« als Zumutungen der Gottes- und der Nächstenliebe. Die leiblichen und seelisch-geistigen Nöte der Menschen heute sind immer auch die Nöte derer, die sich in der Spur Jesu barmherzig und mitleidend zu denen beugen, die nach Heil, Heilung, Befreiung und Gerechtigkeit schreien. Die Werke der Barmherzigkeit erinnern an den Gott, der sprach: »Ich habe das Elend meines Volkes in Ägypten gesehen, und ihre laute Klage über ihre Antreiber habe ich gehört. Ich kenne ihr Leid« (Ex 3). Gott ist nicht nur gerecht, sondern er ist vor allem barmherzig. Er hört, wenn sein Volk in Not und Unrecht zu ihm schreit, und er erbarmt sich seiner.

Die »Werke der Barmherzigkeit« ins Heute zu übersetzen, sie in heutigen spirituellen, menschlichen und gesellschaftlichen Vorgängen zu entdecken und sie neu darin zu verorten, ist Anliegen und Absicht dieses Buches. Die Beiträge von Frauen und Männern aus unterschiedlichen Praxiserfahrungen kirchlicher und theologisch-wissenschaftlicher Bereiche wollen Zumutungen sein im Sinne ermutigender Zusage und herausfordernder Impulse und so die bleibende Aktualität dieser zum Teil vergessenen »Werke« herausstellen. Dabei wollen sie vor allem den bezeugen und in Erinnerung rufen, der als der »Allerbarmer« schon immer am Werk ist für seine und unsere Welt und die ganze Menschheit.

Acht biblische Bilder von Sieger Köder zeigen, meditativ erschlossen, wie eine Praxis des Erbarmens gestaltet und gelebt werden kann. Sich der erbarmenden Liebe Gottes vergewissernd, nehmen sie die Betrachterinnen und Betrachter, die Leserinnen und Leser mit in die Verheißung des

Psalmenbeters: »So wie sich erbarmt ein Vater über Kinder, erbarmt sich Jahwe über alle, die ihn fürchten« (Ps 103,13).

Wer sich in diese barmherzige Gottesgeschichte einlässt und wem dies geschenkt ist, der kann dann gar nicht mehr anders, denn in Gottes Art zu fühlen, zu denken, zu urteilen und zu handeln (Paul M. Zulehner). Deshalb haben die »Werke der Barmherzigkeit« immer auch gesellschaftliche und politische Dimensionen und können dadurch wirksame Vollzüge der Caritas sein, die Jesus selbst gelebt hat.

Die Beiträge dieses Buchs mögen alle bestärken, die sich als Einzelne, als (Caritas-)Gruppen und Gemeinschaften, als gemeindliche und (caritas-)verbandliche Gremien und Verantwortliche immer neu auf den Weg machen, durch leibliche und geistige Werke der Barmherzigkeit öffentlich zu machen, dass alles menschliche Leben und Leiden gehalten ist von dem, der will, dass die Menschen »das Leben haben und es in Fülle haben« (Joh 10). Dann wird deutlich, dass Kirche Expertin ist nicht nur für Gott, sondern auch für den Menschen in allen Lebenssituationen.

Wolfgang Tripp

Heilig der Gott, der barmherzig ist!

Gottessuche

Die Erzählungen der Bibel kann man als eine immer wieder anlaufende und nie aufgegebene Suche nach Gottvertrauen wahrnehmen. Die Menschen sehnen sich darin nicht nur nach der Allmacht Gottes, nicht nur danach, dass ein Gott Schöpfer der Welt ist, sondern danach, dass die Menschen diesem Gott wichtig sind, ja noch mehr, dass Gott selbst unser Vertrauen sucht und darum wirbt. Viele Bilder des Vertrauens auf Gott begegnen in der Bibel, wie zum Beispiel das Bild aus Jesaja, dass uns Gott in seine Hand geschrieben hat (vgl. Jes 49,16).

Denn die eigentliche Frage liegt nicht darin, ob es einen göttlichen Schöpfer dieser Welt gibt, sondern darin, welche Beziehung er zu dieser Schöpfung hat. Die Religionen leben von der Sehnsucht, dass Gott kein Satan ist, keiner, der am Ende das Chaos über alles hereinbrechen lässt, sodass schließlich alles in Schutt und Asche fällt. Es ist die Sehnsucht danach, dass es nicht ein Gott ist, der grausam zuschaut, wie Georg Büchner in »Dantons Tod« fragen lässt: »Ist denn der Äther mit seinen Goldaugen eine Schüssel mit Goldkarpfen, die am Tisch der seligen Götter steht, und die seligen Götter lachen ewig, und die Fische sterben ewig, und die Götter erfreuen sich ewig am Farbenspiel des Todeskampfes?«

Viel wichtiger als die Frage, ob es einen Gott gibt, ist die Frage, wo er zu finden ist: im Hass oder in der Liebe, im Leben oder in der Vernichtung? Und wenn er liebt, liebt er dann nur ein wenig, liebt er nur unter ganz bestimmten Bedingungen, gewissermaßen wenn wir brav sind? Gibt es ein Wenn-Dann, so dass sich die Welt angesichts Gottes spaltet in diejenigen, die mit dem vernichtenden Chaos zu rechnen haben, und diejenigen, die gerettet werden? Kann denn die Unendlichkeit des allmächtigen Geheimnisses Gottes gespalten sein, sodass eine Eigenschaft, nämlich die Liebe, an Unendlichkeit verliert, weil sie von der Vernichtung der anderen und Nichtdazugehörigen begrenzt wird? Oder ist nicht doch die heilige Unendlichkeit Gottes auf seine Liebe zu beziehen, sodass diese Liebe unerschöpflich, bedingungslos und alle Grenzen durchbrechend ist? Eine Liebe, die zum Geschenk unendlichen Lebens wird, weil in Gott Leben und Liebe identisch sind?

Die Gläubigen der Bibel suchen aus ihren jeweiligen Erfahrungen, Problemen und Situationen heraus nach Antworten auf diese Fragen. Viele Texte kommen dabei ohne Wenn-Dann-Vorstellungen (noch) nicht aus. Aber sie werden inhaltlich überholt von anderen Texten, in denen sich das »Immer Mehr«, die immer größere Liebe Gottes zeigt, die alle Bedingungen unter- und überschreitet. Es sind Geschichten und Vorstellungen, in denen Gott seine Liebe niemals, jedenfalls niemals endgültig zurückzieht, nicht gleichgültig, aber doch weit über das hinausgehend, was die Menschen anstellen und wie sie selbst Gott untreu werden. Selbst wenn Israel abfällt, lässt Gott sein Volk nicht im Stich. Er will die Umkehr, aber letztlich ist die Umkehr nicht die Bedingung seiner Liebe, sondern seine nicht zurückgezogene Liebe ist die Ermöglichung der Umkehr. So wandelt sich das Wenn-Dann in der Gottesvorstellung in ein ohne Wenn und Aber.

Die Bibel bringt diese Lerngeschichte bezüglich der Liebe Gottes, die bestehende Grenzen und Bedingungen übersteigt, in der Vorstellung und im Bild von der Barmherzigkeit Gottes zum Ausdruck. Viele Erzählungen können insgesamt als »Drama der Barmherzigkeit Gottes« charakterisiert werden. Dafür gibt es eindrucksvolle Texte, wie zum

Beispiel das 11. Kapitel des Propheten Hosea. Gott erbarmt sich auch dann noch, und gerade dann und darüber hinaus, wenn die Menschen schuldig geworden sind beziehungsweise wenn sie an ihrem eigenen Leid selbst schuldig sind. Das Erbarmen konzentriert sich auf den leidenden Menschen als solchen, nicht abgesehen, aber auch nicht abhängig, ob er nun unschuldig oder schuldig leidet.

Gott im Mitleid

In den Evangelien erscheint Jesus als ein Mensch, der diese Barmherzigkeit Gottes in seinem eigenen Handeln widerspiegelt und erfahrbar macht. Jesus begegnet Menschen, die von Not, Krankheit und Ungerechtigkeit bedrängt sind, mit einem tiefgehenden Mitleid, das zugleich das Handeln orientiert. Das griechische Wort »splanchnizomai«, das meist mit »Mitleid haben« übersetzt wird, verliert darin seine drastische Bedeutung, meint es doch, dass sich die Gedärme, dass sich alles im Bauch herumdreht, weil man bis in die körperliche Tiefe hinein so erschüttert ist von dem, was andere Menschen an Leid und Schicksal trifft (vgl. Lk 15,20; Mt 9,36ff). Jesus kann gar nicht anders, als innezuhalten, den Lauf der Dinge zu unterbrechen, stehenzubleiben und entsprechend zu handeln. Nirgendwo wird bei ihm dieses Mitleid blockiert, durch keine Wenn-Dann-Bedingung, dass etwa jemand nur Mitleid verdiene, wenn er nicht selbst an seiner Situation schuldig sei.

Von daher erweist sich die Unterscheidung zwischen unschuldigem und schuldigem Leiden als eine zwar notwendige, aber auch zugleich gefährliche Unterscheidung. Notwendig, weil die Frage von Schuld und Unschuld immer eine elementar wichtige ist, weil das Leiden der Unschuldigen das Leiden in seiner abgrundtiefen Ungerechtigkeit, Unerklärbarkeit und Sinnlosigkeit offenbart, weil es dann absolut keine Spur von Erklärung und Sinn mehr gibt, warum der Mensch dem Elend und der Grausamkeit ausgeliefert ist. Schwierig ist der Begriff allerdings darin, dass er hintergründig unterstellt, es könne ein Leiden geben, das durch Schuld gerechtfertigt sei. Dies mag für Sühneleiden gelten, nicht aber für ein von der Authentizität der Betroffenen nicht vollzogenes und damit sie vergewaltigendes Leiden. Gefährlich ist bei dieser Vorstellung auch, dass sich Menschen erst einmal als unschuldig zu erweisen hätten, damit ihnen kein Leid zugefügt wird beziehungsweise dass Opfer sich erst als insgesamt (auch noch moralisch) unschuldig zu erweisen hätten, damit sie diesen Würdetitel verdienen.

Barmherzigkeit schlägt auf eine Tiefendimension unserer Existenz durch, die nicht mehr irgendwelchen Berechnungen oder anderen Interessen verfügbar gemacht werden kann. Sie hat Durchbruchcharakter gegen alle Grenzen des Strafenwollens und der Rache, gegen alle Ideologien, Vorurteile und sogenannte Gesetzmäßigkeiten und Prinzipien, in Spannungen, Konflikten und Feindschaften. Ein solches Mitleid ist nicht mehr hintergehbar, weil es unmittelbar auf Magen, Herz und Nieren durchschlägt und jeder Verhärtung widersteht, zum Beispiel indem man vorübergeht und Begründungen sucht, sich nicht treffen zu lassen. In der unmittelbaren Evidenz des Mitleids, der Quelle der Barmherzigkeit, spiegelt sich die unmittelbare Evidenz des Leidens. Nicht umsonst heißt es »Mitleid«: Mitleid als Antwort auf das Leiden eines Menschen beinhaltet immer einen Bestandteil dieses Leidens selbst.

Mitleid hat in unserer gegenwärtigen Gesellschaft allerdings keine allzu große Konjunktur. Und doch haben wir eine Gesellschaft, in der Mitleid höchst gefährdet und bitter notwendig ist. So ist Horst Eberhard Richter beizupflichten: »Das Mitleid ist leider zum Spottbegriff geworden. In Wirklichkeit ist es *die* lebenserhaltende Anlage überhaupt.«[1] So ist Mitleid insbesondere bedroht durch die massenhafte Darstellung leidender Menschen in den Bildmedien und die damit verbundene Abstumpfung der Mitleidsfähigkeit. Umgekehrt sind diese Bilder aber zuweilen auch fähig, Mitleid zu wecken (was die entsprechenden Spendenaufkommen signalisieren), aber wohl nur bei denen, die sich die Weichteile der eigenen Barmherzigkeit im Alltagsleben nicht haben abstumpfen lassen. Dort ist man oft geneigt, Mitleid mit etwas Schwächlichem zu verbinden, auch mit Hilflosigkeit und mangelnder Sachlichkeit. Von »Mitleidsfalle« ist die Rede. Man darf sich vom Mitleid nicht überwältigen lassen, weil man sonst zu wenig auf das eigene Leben schaut und dann selbst unter die Räder kommt. So muss man sich gegen Mitleid stark machen und schützen. Auch Betroffene selbst verbitten sich manchmal Mitleid, durchaus mit Recht, weil sie es als Herablassung erfahren. Man muss also wirklich genau hinschauen, um welches »Mitleid« es sich handelt.

Es ist zwischen Mitleid und Mitleid zu unterscheiden. Manches Mitleid ist lediglich ein Mitleid des Mitleidenden mit sich selbst, wie etwa beim Angstmitleid, das sich vor allem daraus speist, dass man Angst davor hat, in das gleiche Leid wie der andere hineinzugeraten. Es ist ein abwehrendes Mitleid, zum Teil auch aus einem schlechten Gewissen heraus, dass es einem selbst noch so gut geht. Im Mitleid für den anderen Menschen will man gewissermaßen eine Genugtuung leisten, damit man nicht selbst in diese Situation kommt. Das Mitleid wird dann zum Ausdruck des Selbstmitleids. Ein solches Mitleid kann schließlich zu einer tödlichen Waffe werden und gerade das unmöglich machen, was das hilfreiche Mitleid anzielt, nämlich das Leben und die Lebenswürde des anderen aufzubauen: wenn zum Beispiel pflegerische und ärztliche Helfer und Helferinnen die

Schwerstbehinderungen anderer schon viel eher als diese selbst nicht mehr aushalten und ertragen können und von daher gefährlich versucht sind, sie vorzeitig abzuschaffen (von pharmakologischer Stilllegung über die pränatale Selektion bis hin zur Euthanasie). »Tödliches Mitleid« nennt Klaus Dörner diese Unerträglichkeit des Leidens.[2]

Stefan Zweig hat in seinem Roman »Ungeduld des Herzens« dieses »zweierlei Mitleid« in der ihm eigenen Sprachkraft getroffen. »Es gibt eben zweierlei Mitleid. Das eine, das schwachmütige und sentimentale, das eigentlich nur Ungeduld des Herzens ist, sich möglichst schnell frei zu machen von der peinlichen Ergriffenheit vor einem fremden Unglück, jenes Mitleid, das gar nicht Mit-Leiden ist, sondern nur instinktive Abwehr des fremden Leidens und der eigenen Seele. Und das andere, das einzig zählt – das unsentimentale, aber schöpferische Mitleid, das weiß, was es will, und entschlossen ist, geduldig und mitduldend alles durchzustehen bis zum Letzten seiner Kraft und noch über dieses Letzte hinaus.«

Auf eine neue Kultur des schöpferischen und lebensstützenden Mitleidens zu achten, bedeutet nicht, dass man sich immer und überall mit einer radikalen Gefühlstiefe engagieren könnte. Wichtig ist allerdings, dass man in dieser Tiefe der eigenen Existenz verwundbar bleibt, dass die Weichteile nicht verhärten, sodass sie gar nicht mehr »herumdrehbar« sind durch das Leid von Menschen. Um die Offenheit für diese emotionale Tiefe geht es, ohne die Versteinerungen nicht durchbrochen werden können, ohne die niemand fähig wäre, um des leidenden Menschen willen Barmherzigkeit vor Recht ergehen zu lassen, ohne die alles kalt bliebe, auch der Glaube. Denn Mitleid ist emotionaler Grund der Barmherzigkeit und damit auch des Glaubens an einen barmherzigen Gott.

Kein Willkür-, sondern ein Rechtsgeschehen

In den Erfahrungsgeschichten mit diesem Gott, wie sie die Bibel erzählt, begegnet zugleich ein gegenseitiges Bedingungsverhältnis von Barmherzigkeit und Gerechtigkeit mit einer Tendenz zu ihrer immer festeren Zusammengehörigkeit.[3] Diese Zusammengehörigkeit ist auch für den zwischenmenschlichen Umgang ernst zu nehmen. Es gibt keine voranschreitende Menschen achtende Gerechtigkeit ohne das Motiv der Barmherzigkeit, das diejenigen aufzuspüren vermag, denen noch keine Gerechtigkeit zuteil wird. Und umgekehrt: Es gibt keine fortschreitende Barmherzigkeit ohne das Korrektiv der Gerechtigkeit, die auch die aufspürt, für die man (etwa wegen Anschauungsmangel) keine unmittelbare Barmherzigkeit spürt, die aber dennoch der Gerechtigkeit bedürfen. Allein in dieser Verbindung wird verhindert, dass die Betroffenen Opfer der Willkür von Mitleidsfähigkeit oder Barmherzigkeitsverweigerung werden. So gibt es keine Gerechtigkeit ohne das die Gerechtigkeit entgrenzende Mitleid; und so gibt es keine Barmherzigkeit ohne die die Barmherzigkeit entgrenzende Gerechtigkeit.

Mitleid und Barmherzigkeit können also etwas Willkürliches an sich haben. Ähnliches gilt für das Wort der Liebe und der Gnade. Paulus schätzt alle diese Worte für die Wirklichkeit Gottes den Menschen gegenüber, aber er gibt sich damit noch nicht zufrieden. Um das Missverständnis eines göttlichen Willküraktes gar nicht aufkommen zu lassen, übersetzt er Gottes Barmherzigkeit in den Bereich seiner Gerechtigkeit. Es ist nicht so, als ob Gott eigentlich gerecht wäre und bestrafen müsste, aber dann doch mit seiner Barmherzigkeit Kompromisse eingeht und Gnade vor Recht ergehen lässt. Vielmehr ist die Barmherzigkeit selbst ein Vollzug seiner Gerechtigkeit, also kein Willkür-, sondern ein Rechtsakt. Die Barmherzigkeit ist nicht die Ausnahme, sondern die Regel, von der es keine Ausnahmen gibt. So kann Paulus sagen: Gott rechtfertigt die Menschen als Sünder und Sünderinnen, er spricht gerecht, obwohl sie unrecht tun, oder besser: weil sie von sich aus nicht gerecht sind. Übertragen auf die Gerichtswelt würde dies bedeuten: Wird jemand verurteilt, wird er gerade im Urteil selbst und gleichzeitig damit gerecht gesprochen. Hierfür braucht es keine »Begnadigung«. Hier ergeht nicht Gnade vor Recht, sondern göttliches vor menschlichem Recht.

Mit dem Gerichtsakt der Rechtfertigung ist von Gott her garantiert: Gottes Barmherzigkeit uns gegenüber ist weder Laune noch Herablassung, sondern ein Rechtstitel. Gott setzt sein Geschöpf ins Recht, auch sich selbst gegenüber. Was wir Menschen gegenüber nie haben könnten, haben wir Gott gegenüber: ein von ihm selbst verbrieftes Recht darauf, von ihm barmherzig behandelt zu werden. Nicht weil wir uns dieses Recht genommen hätten, sondern weil Gott es uns zugesprochen hat, dürfen wir es beanspruchen. Hier geschieht so etwas wie eine nachträgliche Wurzelheilung, wie ein »Ausgleich« für die gefallene Schöpfung, in der wir ohne Sünde nicht leben können, für die schlimmen Verhältnisses der Ungerechtigkeit, der Gewalt und des Todes, in denen wir nicht ohne Leid leben können. Weder als Sündige noch als Leidende werden die Menschen vor Gott rechtlos oder würdelos. Wenn sie sündig werden, verlieren sie nicht das Recht, von Gott geschützt zu werden. Und die Bedrängten bekommen auch dann das Recht, Gott im Leid anzurufen und anzuklagen, wenn sie selbst sündig sind. Denn niemals mehr können Sünde oder Aufbegehren zur Rechtfertigung dafür dienen, den Menschen Leid oder gar den Tod zuzufügen.

Wenn Gott die Menschen als Sünder und Sünderinnen in seine Anerkennung und Barmherzigkeit aufnimmt, kann das dann nicht auf Seiten der Menschen zur großen Versuchung führen: Wenn mich Gott derart liebt, dann kann ich ja tun, was ich will? Denn ich kann niemals aus der Barmherzigkeit Gottes herausfallen. In der Tat: Wer so spricht, hat den *Sinn* der Liebe Gottes durchaus verstanden, aber er hat sich nicht in ihre *Bedeutung* hineinbegeben, sonst könnte er so etwas nicht sagen. Er steht noch außerhalb, benutzt die Liebe Gottes als Instrument gegen ihn, anstatt aus ihr heraus zu leben. Gott kann nichts dagegen tun. Dies zeigt eindrucksvoll die Geschichte Jesu vom barmherzigen Vater und dem verlorenen Sohn (vgl. Lk 15,11–32). Der Vater lässt den Sohn ziehen. Aber seine Liebe bleibt und geht mit ihm. Sie wartet auf seine Rückkehr. So darf man hier insofern vom barmherzigen Vater sprechen, als er dem weggehenden Sohn dessen Recht erhält und sichert: dessen Recht auf Heimkehr, dessen Recht auf ein Leben zu Hause, dessen Recht auf Rettung beim Vater, auf seine Anerkennung und Geborgenheit. Aus Gottes Wesen heraus gibt es nur einen Weg, die sündigen Menschen zu bekehren und zu retten, nämlich den, einer buchstäblich unendlichen Ausdauer in Liebe und Barmherzigkeit.

Gottes Barmherzigkeit ist voraussetzungslos, aber darin nicht blind: Er sieht die Schattenseiten und spricht die Täter schuldig, schon um der Barmherzigkeit willen und der Gerechtigkeit gegenüber den Opfern. Aber er zieht seine Liebe nicht zurück. Die Menschen müssen vor Gott nichts vorspielen, nichts verdrängen und sich nicht in Selbstrechtfertigung stürzen. Sie müssen sich nicht wie Adam und Eva vor Gott verstecken, brauchen keine Angst vor Liebesentzug zu haben. Denn Gott kann gar nicht gestuft lieben, weil sich in ihm Barmherzigkeit und unendliche Göttlichkeit in unerschöpflicher Intensität und unbegrenzbarer Reichweite gegenseitig bedingen. Er ist immer mit seiner ganzen Göttlichkeit barmherzig. Eine solche unerschöpfliche Barmherzigkeit ist keine »billige« Gnade, sondern Gott zahlt für die Liebe, die er den Menschen »umsonst« schenkt, einen »teuren« Preis: den Tod Jesu am Kreuz.

Heil des Kreuzes

Der radikalste Beweis dieser Liebe ist die Menschwerdung Gottes in Jesus von Nazaret. Hier steht er mit seinem Leben und mit seinem eigenen Leib für eine solche Barmherzigkeit Gottes ein. In seiner Verkündigung ist es ihm wichtig, dass Gott den Menschen zugewandt ist. Obgleich Jesus die Absicht hat, dass alle das Reich Gottes annehmen und gerettet werden, muss er das Scheitern dieser Verkündigung erleben. Am Kreuz hält die Welt den Atem an: Wird Gott die Welt, da sie seine Barmherzigkeit nicht angenommen hat, nun endgültig in den Abgrund stürzen lassen oder ist seine Barmherzigkeit so groß, dass sie auch diesen Abgrund des menschlichen Neins zu Gott überwindet? Hierin liegt die Heilsbedeutsamkeit des Kreuzes, aus unserer Perspektive die entgrenzende Barmherzigkeitsbedeutung des Kreuzes: Denn vom Kreuz her spricht Jesus das Wort: »Vater, vergib ihnen, denn sie wissen nicht, was sie tun!« (vgl. Lk 23,34). Die Liebe Gottes gilt also nicht nur denen, die sie annehmen, sondern auch denen, die sie ablehnen, den Tätern, den Sündern und Sünderinnen, und das sind immer wieder die Gläubigen selbst. Jesus leidet am Kreuz für uns aus, was wir an Reueschmerz und Sühne ausleiden müssten, und öffnet damit endgültig die Schleusen unendlicher Barmherzigkeit. Er gibt die Gewalt als doppelte Liebe zurück. Gottes Mitleid wird in ihm zum heilvollen Für-Leid.

Christus hat uns am Kreuz den Sühneschmerz abgenommen. Diese Liebestat der Stellvertretung lässt uns nicht »kalt« – im Gegenteil: Sie öffnet unser Herz, um nun mit unserem eigenen Sühneschmerz für unsere eigenen Taten miteinzuschwenken; ein nunmehr hoffnungsvoller Schmerz, der ermöglicht ist von der Sühne Christi am Kreuz. Christus hat uns den sinnlosen Schmerz außerhalb der Liebe abgenommen und genau dadurch ermöglicht, aus dieser Liebe heraus leidsensibel und barmherzigkeitsfähig den Schmerz für unsere Taten zu empfinden und so – im Diesseits wie im Jenseits – für Gottes neue Welt geöffnet zu werden.

Genau das unterscheidet die Christen von den meisten anderen Religionen, und auch von einer bestimmten Christentumsvergangenheit, wo man hört: Gott liebt dich nur, wenn du glaubst und wenn du zur eigenen Glaubensgemeinschaft dazugehörst. Im christlichen Glauben ist der Glaube nicht die Bedingung der Liebe Gottes, sondern die Bedingung dafür, etwas von dieser allen Menschen längst geschenkten Liebe Gottes zu wissen und aus diesem Glaubenswissen heraus, dass Gott *alle* Menschen bedingungslos liebt, das Leben zu gestalten. So gilt nicht die angstreiche Vorstellung: Wenn ich an Gott glaube, wenn ich bete, dann liebt mich Gott mehr als die anderen. Denn ich weiß nie, ob ich genug getan habe, um die Bedingungen zu erfüllen. Uns ist vielmehr der Glaube geschenkt, dass Gott mich genauso bedingungslos liebt wie die anderen.

Darin besteht die Mission: den Menschen die frohe Botschaft zu sagen, dass sie auf einen solchen Gott vertrauen und das Leben bewältigen können, in ihrer eigenen Religion und bei uns selbst. Wenn dann Menschen zur Kirche kommen, dann ist dies Gnade, dann ist dies Wirkung des Geistes Gottes und niemals mit Gewalt oder Drohung herstellbar. Es ist die Lehre der Kirche: Die Grenzen des Glaubens sind nicht die Grenzen des Heiles und nicht die Grenzen der Barmherzigkeit Gottes.

Uns Christen und Christinnen ist die authentische Offenbarung Gottes geschenkt, der so unendlich, unerschöpflich seine Liebe in unsere Herzen gießt (vgl. Röm 5,5). Damit sie weit werden für uns und für andere. Denn es ist ein großer Unterschied, ob man von der Liebe eines Gegenübers etwas weiß oder nicht. Weiß ich, dass mir ein Mensch in Freundschaft zugeneigt ist, dass er mich liebt, dann kann ich daraus leben, dann gibt das die Kraft, aus dieser Freundschaft heraus für den andern auch Verantwortung zu übernehmen. Nicht weil es eine Forderung von außen wäre, sondern weil die Kraft für diese Verantwortung in der Liebe selbst liegt. Gott hat den Menschen seine Liebe umsonst und umfassend gegeben. Davon im Glauben etwas zu erfahren, ist Mission im tiefsten Sinn des Wortes und das Gegenteil von einem ein- und zusperrenden Glauben, wo Gottes Barmherzigkeit nur unter ganz bestimmten Wenn-Dann-Bedingungen zu haben ist. In einer Gesellschaft, wo fast alles von Bedingungen und Leistungen abhängig ist, ist es im Glauben selbst eine große Befreiung, dass dort Liebe und Barmherzigkeit nicht von menschlichen Leistungen abhängig sind.

Dies zu verkünden und im Sakrament zu vermitteln, ist übrigens die spezifische Gabe und Aufgabe des priesterlichen Amtes (nicht nur innerhalb, sondern hoffentlich auch einmal außerhalb der bestehenden Zulassungsbedingungen). Die katholische Kirche versteht das geistliche Amt als ein Sakrament, als ein Geschenk der Gnade, um es auch als solches weiterzugeben. Alle Sakramente sind die symbolische Erfahrung der unbedingten Barmherzigkeit Gottes für unser Leben und für ganz bestimmte Erfahrungen und Wenden dieses Lebens. Wehe den Priestern, die diese Gnade verdunkeln und dieses Geheimnis der unendlichen Liebe Gottes durch ihre eigenen Entscheidungen und Institutionen in Bedingungen eingrenzen, die ihrer eigenen Herrschaft über Menschen dienen. Nicht dass sie dann nicht auch von Gott geliebt wären: aber ihr Schmerz über das, was sie an der Barmherzigkeit Gottes verbrochen haben, wird tief sein. Es wäre besser, sie wären niemals Priester geworden.

Dieses Wehe gilt auch für alle Eltern ihren Kindern gegenüber, wenn sie mit Gott ein bestrafendes Über-Ich einführen, nach dem Motto: Wenn du nicht brav bist, hat dich Gott nicht mehr lieb! Dies ist eine schlimme Häresie gegen die Barmherzigkeit Gottes.

Ottmar Fuchs

1 In einem Fernsehgespräch mit Bettina Böttinger im WDR 1999.

2 Vgl. Klaus Dörner, Tödliches Mitleid. Zur Frage der Unerträglichkeit des Leidens, Gütersloh [2]1989.

3 Vgl. dazu Bernd Janowski, Der barmherzige Richter. Zur Einheit von Gerechtigkeit und Barmherzigkeit im Gottesbild des alten Orients und des Alten Testaments, in: Ruth Scoralick (Hg.), Das Drama der Barmherzigkeit Gottes, Stuttgart 2000, 30–91; konzeptionell dazu Hille Haker, »Compassion« als Weltprogramm des Christentums, in: Concilium 37 (2001) 4, 436–450, 441ff.

Hungrig

Unser Blick fällt zuerst auf die ganz in rot gekleidete Frau – die heilige Elisabeth von Thüringen, eine Frau des 13. Jahrhunderts, die um den Lebenshunger der Menschen wusste.

Rosen, die sich zwischen ihren Händen zu Brotlaiben verwandeln, scheinen geradezu aus ihrem Leib, aus ihrem Schoß, hervorzuquellen; wie sprudelndes Quellwasser, das über die Ränder eines Beckens hinausdrängt; wie eine Geburt.

Der Blick Elisabeths ruht schon lange auf dem Mann und der Frau am unteren Bildrand. Fast hätten wir sie übersehen – so eingeengt wirken die beiden, mit ihren verrenkten Köpfen, die rechte Hand jeweils steil nach oben ausgestreckt, die Augen ganz auf Elisabeth gerichtet.

Wir lassen unseren eigenen Blick in den Blick Elisabeths fallen, unseren eigenen Schoß von ihrem Schoß öffnen.

Hungrig sind die beiden, nach einem Leben, das mehr ist als ein vorübergehend voller Magen. Hunger ist Hunger nach einem »Mehr als Brot«: nach sättigender Nahrung, aber auch nach spontaner Herzlichkeit, nach zweckfreier Schönheit, nach Freude, nach liebevoller Begegnung, nach Würde. Sie haben Hunger nach Brot und Rosen! Beides gehört zusammen, beides ist lebensnotwendig!

Zu Beginn des letzten Jahrhunderts singen 14.000 streikende Textilarbeiterinnen in Massachusetts (USA) von dieser Sehnsucht: »Her mit dem ganzen Leben: Brot und Rosen! Brot und Rosen!« Das Brot, das Elisabeth gibt, ist essbar gewordene Liebe – Menschwerdung Gottes, Brot des Lebens.

Diese Liebeskraft ruht in unserem Schoß und will »zur Welt kommen«. Dieses Vertrauen schenkt uns Elisabeth.

»Her mit dem ganzen Leben: Brot und Rosen!«

Dorothee Steiof

Hungrige speisen

Hungrige speisen ist ein vertrautes Motiv aus der Bibel. Am eindrücklichsten wird es in der wunderbaren Brotvermehrung erzählt (Mt 14,13–21). Jesus will allein sein und fährt mit dem Boot an einen einsamen Ort. Doch die Menschen folgen ihm. Am Abend bitten ihn die Jünger, die Menschen wegzuschicken, damit sie sich etwas zu essen kaufen können. Jesus antwortet: »Sie brauchen nicht wegzugehen. Gebt ihr ihnen zu essen!« (Mt 14,16). Die Jünger weisen ihn darauf hin, dass sie nur fünf Brote und zwei Fische bei sich haben. Jesus nimmt die Brote und Fische, spricht den Lobpreis und gibt sie den Jüngern. Diese verteilen sie und alle werden satt. Es sind über fünftausend Menschen. Zwölf Körbe voll Brot bleiben übrig.

Diese biblische Erzählung klingt so wunderbar, dass sie kaum zu glauben ist. Sie widerspricht unseren alltäglichen Erfahrungen. Wie soll man mit so wenig Essen so viele Menschen satt machen? Eine kleine Brotvermehrung hat vielleicht schon so mancher erlebt. Es gibt immer wieder einmal Situationen, wo das Essen knapp wird – vielleicht bei einem Picknick oder einem Fest. Wenn dann alle etwas von ihrem Essen geben, können alle satt werden und das Teilen kann sogar noch besonders Freude machen. Es ist eine Erfahrung von Gemeinschaft.

Die Brotvermehrung rührt aber vielleicht auch deshalb so an, weil es Jesus nicht egal ist, ob die Menschen satt sind oder nicht. Er ist nicht der mystisch entrückte Gottessohn, der sich nur für das »geistliche Wohl« der Menschen interessiert, sondern es geht ihm darum, dass wir Menschen das zum Leben haben, was notwendig ist. Damit zeichnet die Bibel das Bild von einem Gott, der sich um uns Menschen als Ganzes sorgt. Er ist kein Gott, der uns nur auf die Erlösung verweist, sondern sich unserer alltäglichen Bedürfnisse annimmt. Er ist uns in allem nahe, auch in unserem Hunger und Wunsch, satt zu werden – sowohl im ganz konkreten Sinn als auch in unserem Hunger nach Zuwendung, Liebe und Geborgenheit.

In unserer Welt werden jedoch längst nicht alle Menschen satt. Im Gegenteil – es verhungern jeden Tag Menschen. Schon Kinder sterben am Hunger bzw. an Mangelernährung. Lebensmittel werden immer weniger bezahlbar für viele Menschen. Gleichzeitig leiden Millionen von Menschen in den westlichen Industrienationen an Übergewicht. Essen wird dort weggeworfen. Diese Realität steht in einem scharfen Kontrast zu dem vermeintlich idyllischen, harmonischen Bild der wunderbaren Brotvermehrung. Wird Gott seiner Verantwortung also nicht gerecht?

Jesus sagt an einer anderen Stelle im Matthäusevangelium: »Denn ich war hungrig, und ihr habt mir zu essen gegeben« (Mt 25,35a). Die Gerechten fragen: »Herr, wann haben wir dich hungrig gesehen und dir zu essen gegeben?« (Mt 25,37a). Jesus antwortet: »Was ihr für einen meiner geringsten Brüder getan habt, das habt ihr mir getan« (Mt 25,40b). Die Aussage Jesu hat zwei Richtungen: Zum einen ist die Sorge für Menschen, die hungrig sind, Ausdruck der Nächstenliebe, aber eben auch der Gottesliebe. Sicherlich wird nicht jeder, der sich für hungernde Menschen einsetzt, es so für sich interpretieren. Für Jesus ist eine solche Tat aber Ausdruck der Caritas, der Barmherzigkeit und der Liebe zu ihm.

Die zweite Richtung der Aussage zielt darauf ab, dass wir Menschen selbst in der Verantwortung stehen, Hungrige zu speisen bzw. uns gegen Hunger in der Welt einzusetzen. Die Sorge Gottes für den Menschen heißt gerade nicht, auf das himmlische Manna zu warten, das den weltweiten Hunger stillt. Sondern sie besagt, dass wir alle die Fähigkeit haben, gegen Hunger und für Gerechtigkeit und Solidarität zu kämpfen. Der Kampf gegen weltweiten Hunger ist mühsam. Diese Aufgabe wirkt auf den Einzelnen von uns viel zu groß. Er kann aber im ganz Kleinen beginnen – zum Beispiel durch ein bewusstes Einkaufsverhalten. Der Kauf von fair gehandelten und nachhaltig erwirtschafteten Produkten ist eine Möglichkeit. Eine weitere Möglichkeit ist die Unterstützung von kirchlichen Initiativen und Werken, die sich für gerechte Lebensbedingungen, eine gerechte Verteilung und Nachhaltigkeit weltweit einsetzen.

Hungrige speisen – diese Tugend der Barmherzigkeit wirkt so vertraut. Seit dem Urchristentum hat die Kirche hungrige Menschen mit Speisen versorgt. Zu jedem Kloster gehörte eine Armenpforte. Diese Hilfe war und ist auch wichtig, genauso wie bestimme Nahrungsmittelprogramme der unterschiedlichsten Organisationen weltweit. Aber eine solche Hilfe kann auch schlimme Folgen haben. Denn sie schafft langfristig Abhängigkeit. Hungrige Menschen zu speisen kann nicht die alleinige Lösung sein, sondern die Menschen müssen befähigt werden, für sich selbst zu sorgen. Sie brauchen Rahmenbedingungen, unter denen sie ihr notwendiges Einkommen selbst erwirtschaften können. Entscheidend ist also der politische und gesellschaftliche Einsatz für gerechte Lebensbedingungen.

In Deutschland sind in den letzten Jahren viele »Tafel-Läden« entstanden, die Lebensmittel, die nicht mehr verkauft werden, an bedürftige Menschen weitergeben. Viele Pfarrgemeinden engagieren sich auch im Rahmen solcher Initiativen. Sicherlich ist dies für die betroffenen Menschen oftmals eine konkrete und wichtige Hilfe. Aber es ist auch keine langfristige Lösung. Die Menschen brauchen Rahmenbedingungen, dass sie selbst ausreichend Nahrung kaufen können. Deshalb setzen sich die Kirche und ihre Caritas dafür auch sozialpolitisch ein. Auf der anderen Seite können »Tafeln« dann besonders hilfreich sein, wenn sie mit Befähigung im Sinne von Hilfe zur Selbsthilfe verbunden sind. So wissen viele Familien nicht, wie sie sich gesund und preiswert ernähren können. Dies könnte dort zum Beispiel durch gemeinsames Kochen vermittelt werden.

Jesus sagt: »Selig, die hungern und dürsten nach der Gerechtigkeit, denn sie werden satt werden« (Mt 5,6). Dieses »Hungern nach Gerechtigkeit« haben wohl die meisten von uns in sich. Wir wünschen uns Gerechtigkeit und Frieden für uns selbst und für alle Menschen. Jesus ruft uns auf, diese Sehnsucht niemals aufzugeben. Diese Sehnsucht nach Gerechtigkeit kann der Funke sein, um etwas zu verändern. Der Hunger nach Gerechtigkeit beginnt mit unserer eigenen Haltung.

Im Jahr 2009 macht die Caritas in Deutschland auf Menschen aufmerksam, die uns oft fremd und als Störenfriede erscheinen. Es sind Menschen am Rande: wohnungslose Menschen, Menschen mit Drogenproblemen oder psychisch kranke Menschen. Ihr Verhalten ist uns oft fremd und vielleicht sogar sehr unangenehm, wenn sie uns auf der Straße ansprechen und um Geld betteln. Unter dem Motto »Soziale Manieren für eine bessere Gesellschaft« ruft die Caritas dazu auf, diesen Menschen offen zu begegnen und sie einfach wahrzunehmen. Das ist natürlich ein gegenseitiger Prozess. Soziale Manieren haben etwas mit Höflichkeit zu tun. Höflichkeit ist eine Haltung. Gerechtigkeit beginnt bei der eigenen Haltung. Es geht nicht darum, diesen Menschen mitleidig zu begegnen, sondern einfach Interesse für sie zu haben bzw. sie wie andere Menschen zu behandeln. Die gegenseitigen Hemmschwellen sind dafür hoch. Sicherlich haben sie oft auch realen Hunger, aber ihr Hunger, ihre Sehnsucht besteht häufig insbesondere darin, mit Würde und Respekt behandelt zu werden.

Am Ende der Brotvermehrung sind zwölf Körbe voller Brot übrig. Die Zahl zwölf steht im Hebräischen für Fülle. Gottes Liebe ist für uns alle da. Er nimmt uns an mit all unseren Sehnsüchten, Fragen und Nöten. Wir alle sind eingeladen, unsere tiefe Sehnsucht durch ihn stillen zu lassen.

Ulrike Kostka

Durstige tränken

»Den wahren Geschmack des Wassers erkennt man in der Wüste.« Wer in der Sahelzone Afrikas lebt, weiß um die Wahrheit dieses jüdischen Sprichworts. Wer am Kamerunberg wohnt, einem Ort mit einer der höchsten Regenmengen auf der Erde, muss sich erst in eine solche Situation hineindenken, in der Wasser knapp ist. Für beide freilich gilt: Länger als drei Tage kann ein Mensch nicht ohne Wasser überleben. In einem Lexikon ist die etwas frivole Bemerkung zu lesen: »Zahlreiche Versuche haben ergeben, dass der Mensch sich nötigenfalls ohne Weib, ohne Geld, ohne Champagner, ohne Brot und sogar ohne Verstand durchs Leben schlagen kann, ohne Wasser ist es aber noch keinem gelungen.«[1]

»Gott der Herr hatte noch nicht regnen lassen auf Erden«, heißt es in der Schöpfungsgeschichte (Gen 2,5). Erst danach wird Leben möglich. Das Bild vom Strom lebendigen Wassers zieht sich durch die ganze Bibel. Er geht aus vom Paradies (Gen 2,10ff), vom Tempel (Ez 47,1ff) und vom Thron Gottes (Offb 2,1ff). Die Bäume an diesem Strom tragen jeden Monat Früchte und ihre Blätter dienen zur Heilung der Völker (Offb 22,2). Wasser ein Gottesgeschenk, Quelle des Lebens!

Vandana Shiva, Indiens Trägerin des alternativen Nobelpreises, sagt: »In der Geschichte ist Wasser und vor allem sein Ursprung, die Quelle, immer Gegenstand von Verehrung und Respekt gewesen.« Und sie fügt hinzu: »Die Erfindung des Wasserhahns und der Mineralwasserflasche haben uns vergessen lassen, dass Wasser, bevor es aus dem Hahn fließt oder in Flaschen verkauft wird, ein Geschenk der Natur ist.«

Auch wenn ein Glas Wasser nach nichts Besonderem aussieht – es einem Durstigen zu geben, ist lebenserhaltend, überlebensnotwendig. Dies zu verweigern wäre etwas vom Schlimmsten, was wir anderen antun könnten.

Das gilt für die ganze Schöpfung, für Menschen, Tiere, Pflanzen. Bewusst daran zu denken, zeichnet den Menschen aus. »Ich will den Kamelen auch schöpfen«, sagt Rebekka zu Abrahams Knecht, dem sie zu trinken gegeben hatte (Gen 24,19).

Dass alle Menschen genug zu trinken haben, ist freilich alles andere als selbstverständlich. Drei Liter Wasser pro Tag und Person sind zum Überleben erforderlich. Aber in mehr als 80 Ländern herrscht Wasserknappheit. Ein Drittel der Menschheit muss ohne sauberes Trinkwasser leben. 3.900 Kinder sterben jeden Tag an den Folgen von verschmutztem oder mit Krankheitskeimen belastetem Wasser.[2]

Mit guten Gründen also hat die Generalversammlung der Vereinten Nationen im Jahr 2003 eine Dekade »Wasser – Quelle des Lebens« beschlossen, die von 2005 bis 2015 den Wert des Wassers ins Bewusstsein rufen soll. Bis 2015 soll die Zahl der Menschen ohne Wasser- und Abwasseranschluss halbiert werden. Schon in den siebziger Jahren des letzten Jahrhunderts war klar dass »die Anzahl der in der Nähe verfügbaren Wasserhähne der beste Indikator für die Gesundheit einer Gesellschaft ist, nicht die Anzahl der Krankenbetten«[3].

All dies steht hinter der Überzeugung, dass das Recht auf Wasser zu den fundamentalen Menschenrechten gehört. In einem Kommentar der Vereinten Nationen wird diese zentrale Bedeutung festgeschrieben: »Das Menschenrecht auf Wasser ist unumgänglich, wenn Menschen in Würde leben wollen. Es ist eine Vorbedingung für die Verwirklichung anderer Menschenrechte.«

Durstige tränken! Was tun wir als Einzelne, als Gemeinden, als Kirchen, dass diese Erkenntnisse und Bemühungen kein »Schlag ins Wasser« werden? Wasser, das reinigen und heilen, Feuer löschen und Durst stillen kann, ein kostbares und deshalb sorgsam zu bewahrendes Gut!

Ist überhaupt genug Wasser vorhanden, um den Durst so vieler zu stillen? Der Streit ums Öl werde in diesem Jahrhundert vom Streit ums Wasser abgelöst, sagen manche. Den Wassermangel halten andere für ausgesprochen bedrohlich. Wie der Klimawandel in Zukunft das Wasser weltweit verteilen wird, ist eine offene Frage. Die Menschen auf den Inseln des Pazifik nennen ihre Heimat »the liquid continent« und viele fürchten, dass weitere Erderwärmung und das damit verbundene Steigen des Meeresspiegels nicht wenige Inseln verschwinden lassen wird.

Der Manager eines großen Lebensmittelkonzerns vertritt den Standpunkt, der Wasserverbrauch in der Welt sei viel zu hoch. Provozierend sagt er: »Es gibt kein Menschenrecht auf einen vollen Swimmingpool.« Für ihn ist Wasser ein Menschenrecht, »aber nur für 25 Liter pro Person und Tag«[4].

Im Durchschnitt verbraucht ein Tübinger Bürger knapp 130 Liter Wasser an einem Tag. Doch weltweit gibt es in dieser Hinsicht gravierende Unterschiede: 25 Liter in Indien gegenüber 3.000 in Südkalifornien! Gar nicht bewusst ist uns, wie viel Wasser für die Herstellung von Alltagsdingen benötigt wird: für einen Liter Bier 20 Liter, für ein Kilo Papier 250 Liter, rund 2.000 Liter für ein T-Shirt. In einem Kilogramm Getreide stecken 1.000 bis 2.000 Liter Wasser, fast zehnmal mehr in einem Kilogramm Rindfleisch. Und für einen Liter Biotreibstoff Ethanol braucht man 4.560 Liter Wasser.

Durstige tränken – die so eindrückliche Szene aus dem 25. Kapitel des Matthäusevangeliums stellt uns Christen nicht nur vor eine alltägliche Situation, sondern in einen weltweiten Zusammenhang. Und sie macht deutlich, dass wir dabei gefragt sind, wie wir unsere Verantwortung nicht nur vor Menschen, sondern auch vor Gott, dem Geber des Wassers, wahrnehmen. Was immer wir tun, immer stehen wir vor ihm: »Was ihr getan habt einem von diesen meinen geringsten Brüdern, das habt ihr mir getan« (Mt 25,40).

Unser Umgang mit dem Wasser lässt erkennen, wie wir es mit der Bewahrung der Schöpfung halten wollen. Der sparsame Verbrauch ist dann auch ein Beitrag zu Gerechtigkeit und Frieden in der Welt. »Es ströme aber das Recht wie Wasser und die Gerechtigkeit wie ein nie versiegender Bach«, heißt es beim Propheten Amos (Am 5,24).

Mit einfachen Mitteln haben Frauen in Tansania Wasserreservoire gebaut, um das viele Wasser der Regenzeit auch in der Trockenzeit zur Verfügung zu haben. So mussten sie auch nicht mehr wie bisher Wasser auf den Köpfen tragen und dafür stundenlange Wege gehen. Voll Stolz haben sie ihre einfachen Bauten den Teilnehmern der Vollversammlung des Ökumenischen Rates der Kirchen im afrikanischen Harare in Zimbabwe vorgeführt, für alle ein eindrucksvolles, nachahmenswertes Beispiel sorgsamen Umgangs mit dem kostbaren Nass.

Durstige tränken – in der Verkündigung Jesu werden Grundelemente des Lebens zu Gleichnissen von Gottes künftiger Welt: Licht etwa oder Brot und Weinstock, so eben auch Wasser. Es ist nicht überraschend, dass zum Sakrament der Taufe unverzichtbar das Element Wasser gehört. Es weist über sich hinaus, über die materielle Notwendigkeit für das körperliche Überleben hinaus in Gottes Welt, die Leib, Seele und Geist umfasst. So wird Wasser zum Symbol, das mehr als den physischen Durst stillt.

»Wen da dürstet, der komme zu mir und trinke!«, sagt Jesus. Und dann bezieht er uns, die zu ihm kommen, mit ein in die Verantwortung für andere: »Wer an mich glaubt, von dessen Leib werden Ströme lebendigen Wassers fließen« (Joh 7,7f). So können wir einen Durstigen tränken, dass er leben kann wie ein »Baum gepflanzt an den Wasserbächen« (Ps 1,2). Wolfgang Huber hat das Bild vom Wasser in einer Predigt aufgenommen:

»Unser tägliches Brot gib uns heute!
... und auch morgen und übermorgen –
nicht nur denen, die an der Quelle sitzen,
nicht nur denen, die die Wasserrechnung bezahlen können,
nicht nur denen, die wissen, wo die Vorräte liegen,
nicht nur denen, die die Ressourcen steuern können,
auch denen, die auf dem Trockenen sitzen,
auch denen, die nie Regen gesehen haben,
auch denen, denen man den Hahn zugedreht hat,
auch denen, denen die Zunge am Gaumen klebt,
denen Brot und Wasser mangelt,
die weder Sekt noch Selters kennen,
auch denen, die Kilometer laufen müssen
für einen Eimer Wasser,
›Wen dürstet, der komme,
und wer da will,
der nehme das Wasser des Lebens umsonst‹ (Offb 22,1).«

Eberhardt Renz

1 Appetitlexikon, Habs und Rosner, Insel Verlag 1983, 480.

2 Zeitzeichen 4/2005, 8.

3 Brundtland-Bericht der Vereinten Nationen.

4 Basler Zeitung Magazin 17/2007, 29.

Durstig

Zu trinken habe ich genug. So richtig durstig bin ich eigentlich nie. Ab und zu trinke ich auch mal einen über den Durst, wie man so sagt. Das passiert abends, wenn ich allein bin. Tagsüber, da habe ich genug zu tun. Ich geh raus. Muss mal einkaufen. Oder ich hab einen Termin, beim Arzt oder auf dem Amt oder so. Manchmal lasse ich mich einfach nur durch die Straßen treiben. Klar ist das Ablenkung, ich weiß schon. Aber was soll ich denn sonst den ganzen Tag machen? Mich zusaufen, um nichts mehr zu spüren?. Meinst du, das ist klasse, so ein Leben? Allein. Ohne Mann. Ohne Arbeit. Ohne Aussicht auf irgendwas Vernünftiges. Nur die Zeit rumbringen, jeden Tag aufs Neue?

Gestern, da ist mir was passiert. Da ist einer gekommen. Ich hab gleich gesehen: das ist keiner von den Männern, die nur das eine wollen. Der hat sich zu mir hingesetzt. Einfach so. Auf einmal hat er mich angesprochen: Kannst du mir was von deinem Wasser geben? Ich war völlig durcheinander: der feine Herr ist sich nicht zu schade, von mir was zu Trinken anzunehmen?

Und statt ihm was von meinem Sprudel zu geben, habe ich irgendwas gesagt von wegen ich weiß gar nicht, ob ich dir was bieten kann. Doch, höre ich ihn sagen, du hast mehr zu geben, als du denkst. Ich? So leer wie ich mich fühle? Lange sind wir da gehockt und haben erzählt. Über Träume und Hoffnungen. Über Krisen und was zerbrochen ist. Über Lebensziele und Sinn. Auf einmal war nicht mehr wichtig, dass wir aus verschiedenen Welten kamen. Es war einfach nur gut, richtig gut. Ehrlich, offen, wahrhaftig … ganz neue Worte kamen mir in den Kopf.

Und heute ist mir, als hätte er einen Brunnen in mir ausgegraben, ganz tief – und ich habe plötzlich Durst. Durst nach Lebenswasser.

Susanne Herzog

Fremd

Auf der Suche nach Frieden, Ruhe und einem Neuanfang treffe ich auf Maria. Wie sie in der Tür steht, mich umarmt und ins Haus führt. Obwohl ich dreckig sein muss, mitgenommen aussehe von meiner Reise. Und nur eine Tasche dabeihabe. Ihr Lachen, die Grübchen an ihrem Mund, ihr fester strahlender Blick und ihre Bestimmtheit sagen: »Es ist mir egal, woher du bist.« Wir machen uns vertraut. Langsam vergesse ich, dass ich anders aussehe.

Ich möchte dazugehören. Und doch werde ich immer ein wenig fremd sein. Ich bin ein »Alien« – ein Außerirdischer. So will es die Behörde. Ich bekomme einen »Alien's permit«. Als Außerirdischer bekomme ich Bleiberecht.

Ich kann nicht allen Diskussionen folgen. Ich spreche ihre Sprache fließend, aber ich verstehe viele Witze nicht. Doch ihr Lachen steckt an. Ich lache mit und verstehe mit jedem Mal ein wenig besser.

»Was ist der Unterschied zwischen einer Stadt bei dir und einer Stadt bei uns?« »Die Häuser sind anders. Wir haben keine Hütten. Wir haben fließend Wasser, es gibt kaum Stromausfälle. Ich kann nachts durch die Straßen wandern, ohne Angst zu haben. Es gibt Straßencafés, Fußwege, Fußgängerzonen, regelmäßigen Busverkehr. Der Müll wird regelmäßig abgeholt, er liegt nicht an der Straße …« Auch ich werde langsam immer besser verstanden.

Die Gastfreundschaft der Menschen überwältigt mich. Wo ist die Skepsis, der Argwohn? Marias Tür steht immer offen. Für jeden.

Langsam kommt mein Herz in der Fremde an. Zu Hause ist es noch nicht. Aber es ist ein guter Anfang.

Susanne Kremer

Fremde beherbergen

Auf einer Wanderung fällt mir an einem Haus eine Inschrift ins Auge: »Fremder, tritt ein und bring Licht in unser Haus. Dein Kommen ist Segen.«

Beim Weitergehen beschäftigen mich diese zwei Sätze. »Fremder, tritt ein«: Ob ich so offen einladen könnte? Ohne Einschränkungen und Bedingungen? Viele Bedenken melden sich zu Wort: Ich kenne den anderen doch gar nicht, weiß nichts von ihm, habe nichts, auf das ich mich verlassen kann. Ich ertappe mich, dass ich meine Einladung an Bedingungen knüpfe: Tritt ein – wenn du ehrlich bist, wenn du ordentlich bist und nichts durcheinander bringst, wenn du dich unseren Gepflogenheiten anpassen kannst, wenn du nicht allzu viel von mir willst ...

»Fremder, bring Licht in unser Haus«: Wieso bringt der Fremde etwas? Und dann auch noch Licht, mit seiner etwas zwielichtigen Erscheinung, die ich mir ausmale. Eigentlich ist es die Fremde, die etwas bekommt, ein Dach, ein Brot, ein Bett. Wir im Haus sind doch die Gebenden – oder ...?

»Dein Kommen ist Segen«: Hier wurde aber hoch gegriffen. Was ist denn segensvoll daran, noch jemanden zu bewirten, wenn nicht gar durchzufüttern, mich auf weitere Bedürfnisse einzustellen, noch dazu unberechenbare – haben wir nicht schon genug mit uns zu tun? Da sind es gerade noch die Vertrauten, die Freunde und Freundinnen, die in unserem Gefüge einen Platz haben und manchmal segensvoll wirken können. Aber Fremde?

Auf einmal merke ich, dass die Einladung ja an mich gerichtet ist, an mich als Fremde, die vor der Türe steht. Was passiert, wenn ich anklopfe und eintrete? Für mich sind die Menschen im Haus ebenfalls Fremde. Auch hier melden sich die bekannten Bedenken: Bestimmt komme ich ungelegen, ich weiß ja gar nicht, wie die sind, ich kann mich doch nicht zumuten, so verschwitzt und hungrig, wie ich aussehe, und mit all dem Dreck an den Schuhen ... Ohne anzuklopfen bin ich weitergezogen. Mein Mut war kleiner als meine Bedenken.

Vielleicht war mein Gefühl des Fremdseins auf dieser Wanderung nicht groß genug. Zur Fremde gehört die Erfahrung, keinen vertrauten, sicheren Ort zu haben, nicht dazuzugehören, sich verlassen und unsicher zu fühlen und oft auch schutzlos und ausgeliefert. Meistens kann ich mich in der Fremde nicht verständlich machen. Die anderen Menschen verstehen meine Sprache nicht und die ihrige ist nicht meine Muttersprache. Das Leben ist unverlässlich. Nichts oder wenig ist vertraut, nicht die Menschen und nicht die Art und Weise, wie man sich hier bewegt.

Hilde Domin, deren Lebensort die Fremde war, bringt die Erfahrung des Fremdseins in ihrer fein gesponnenen Sprache ins Wort:

Ich habe Heimweh nach einem Land
in dem ich niemals war,
wo alle Bäume und Blumen
mich kennen,
in das ich niemals geh,
doch wo sich die Wolken
meiner
genau erinnern,
ein Fremder, der sich
in keinem Zuhause
ausweinen kann.

Ich fahre
nach Inseln ohne Hafen,

ich werfe die Schlüssel ins Meer
gleich bei der Ausfahrt.
Ich komme nirgends an.
...

Heimweh klingt an und Sehnsucht nach einem Ort, an dem ich erkannt werde, man sich an mich erinnert, ich mich ausweinen kann und einen Schlüssel habe, um in einem, in meinem Zuhause anzukommen. Mit ihren Metaphern beschreibt Hilde Domin die Urfrage der Menschen: Wo bin ich zu Hause, wo bin ich aufgehoben, wo darf ich ich sein? Diese Frage stellt sich uns allen, doch manchen von uns aufdringlicher als anderen. Für Menschen, die nur in der Fremde eine Überlebenschance haben, steht und fällt ihr Schicksal mit der Frage, wo sie ankommen können und eine Heimat finden.

Zu allen Zeiten gab es Menschen, die ihre Heimat aufgeben und in die Fremde ziehen mussten oder Heimat nie erfahren haben. Heute sehe ich in unserer Stadt Menschen vieler Nationalitäten. Sie kommen aus der Türkei, aus Russland, aus Bosnien und anderen Ländern des ehemaligen Jugoslawiens, aus Afrika, Indien, aus arabischen Ländern, Vietnam, Kambodscha. Wir nennen sie Asylbewerberinnen, Ausländer, Familien mit Migrationshintergrund, Flüchtlinge, Aussiedler ... Menschen, die in ihrer Heimat keine Zukunft mehr haben und ihr Leben in der Fremde suchen müssen.

Wo haben wir den Schlüssel, um Menschen hier eine Heimat aufzuschließen? Wie kann es gelingen, Menschen bei uns ankommen zu lassen? Wie können wir über unser Haus, unser Land die Inschrift schreiben: »Fremder, tritt ein und bring Licht in unser Haus. Dein Kommen ist Segen«?

Als Christen haben wir einen eindeutigen Auftrag. In den kultischen und sozialen Geboten bei Mose heißt es: »Wenn eine Fremde mit dir in eurem Land lebt, bedrücke sie nicht. Wie eine Einheimische, eine von euch, sei euch die Person, die unter euch als Fremde lebt, liebe sie als dich selbst, denn Fremde wart ihr in Ägypten. Ich, Adonaj, Gott-für-euch« (Lev 19,33–34)[1].

All den fremden Menschen aus meiner Stadt nicht nur das gleiche Ansehen und dieselben Rechte zukommen zu lassen wie den Einheimischen, sie auch noch ins Herz zu schließen und zu lieben? Eine Forderung, die herausfordert und auch überfordert. Erst von hinten her gelesen wird die Zumutung für mich zu einer Ermutigung. Gott bringt sich mit Namen und Tat in Erinnerung: Ich habe euch geschaffen, ich behüte, bewahre, beschütze euch, ich bin für euch da, verlässliche Kraft, zugewandte Liebe. Und Gott erinnert an die Geschichte: Als ihr selbst fremd, unbehaust, schutzlos wart, da habe ich Erbarmen mit euch gehabt und euch einen Raum zum Leben gegeben. Gott handelt barmherzig im Bogen der großen Menschheitsgeschichte wie auch in meinem persönlichen Leben.

In der hebräischen Sprache wird ein wunderbarer Zusammenhang deutlich: Das hebräische Wort für Barmherzigkeit heißt »rachamim« und ist die Mehrzahl des Wortes »rechem«, das Gebärmutter bedeutet. Und »cham« steht für Wärme, heilende Kraft. Gottes Barmherzigkeit ist also mütterlich, bergend, wärmegebend und Leben spendend, ein Ort, an dem wir heranwachsen können. Und Gottes Werke der Barmherzigkeit sind keine Taten notwendigen Anstands, sondern Leben spendende Keimzellen.

In dieser göttlichen Lebenszelle, in der ich Heimat, Schutz und Liebe bekomme, kann ich wachsen und auch über mich hinauswachsen. Ich kann mich an diese heilvoll bergende

Gotteshöhle in mir erinnern, wenn Fremde vor mir stehen und Heimat suchen. So kann mir Mut zuwachsen, ihnen die Türe und das Herz zu öffnen und ihnen einen bergenden Raum zum Ankommen und Wachsen anzubieten.

Uns Christen gemeinschaftlich an das Vermächtnis von Gottes Barmherzigkeit zu erinnern, setzt Kräfte frei, hier und heute barmherzig zu handeln und mit Lust und Phantasie den Kontakt zu den uns Fremden zu suchen. Die Verheißung auf eine endgültige Heimat in Gottes Schoß bekommt neue Nahrung. So wird das Kommen des Fremden zum Segen.

Oder wie Hilde Domin sagt zum Leben auf Wolkenbürgschaft:

…
Ich komme nirgends an.
Mein Segel ist wie ein Spinnweb im Wind,
aber es reißt nicht.
Und jenseits des Horizonts,
wo die großen Vögel
am Ende ihres Flugs
die Schwingen in der Sonne trocknen,
liegt ein Erdteil
wo sie mich aufnehmen müssen,
ohne Paß,
auf Wolkenbürgschaft.

Susanne Herzog

1 Das Bibelzitat ist der Bibel in gerechter Sprache entnommen, Gütersloh 2006.

Nackte bekleiden

Gut gekleidet, ein Ausdruck von Würde

Kleidung, das hat mit Schutz zu tun, Schutz der Intimität, Schutz vor Blicken, Schutz vor Wind und Wetter. Wer nackt ist, ist schutzlos und ausgeliefert. Kleidung ist also eine Voraussetzung dafür, die Würde, die Achtung und das Ansehen eines Mensch zu bewahren. In extremer Form wird uns das im gekreuzigten Christus bildlich vor Augen geführt. Als Höhepunkt der Entwürdigung auf seinem Leidensweg wird Jesus seiner Kleider beraubt und ist von da an den Folterknechten nackt und schutzlos ausgeliefert Das Symbol schlechthin unserer christlichen Religion ist das Kreuz mit der nackten Christusgestalt. Wer diesen Christus als Kennzeichen öffentlich aushängt oder gar vor sich her trägt, hat einen ganz besonderen Auftrag, Menschen gerade heute vor derartiger Würdelosigkeit und Schutzlosigkeit zu bewahren. Nicht zufällig taucht das Motiv der Nacktheit durch die ganze Glaubensgeschichte der Menschen regelmäßig auf und ist bis heute lebendig. Das fängt an bei dem folgenden Jesajatext, setzt sich fort über die Leidensgeschichte Jesu bis zum Symbol der Mantelteilung bei Martinus und zu Franz von Assisi, der sich öffentlich auszieht und seine Kleider dem reichen Vater vor die Füße wirft.

Botschaft des Jesaja (58,7–11)

»... wenn du einen Nackten siehst und ihn bekleidest und dich deinen Verwandten nicht entziehst. Dann wird dein Licht hervorbrechen wie die Morgenröte und deine Wunden werden schnell vernarben.

Deine Gerechtigkeit geht dir voran, die Herrlichkeit des Herrn folgt dir nach.

Wenn du dann rufst, wird der Herr dir Antwort geben, und wenn du um Hilfe schreist, wird er sagen: Hier bin ich.

Wenn du der Unterdrückung bei dir ein Ende machst, auf keinen mit dem Finger zeigst und niemand verleumdest, dem Hungrigen dein Brot reichst und den Darbenden satt machst, dann geht im Dunkel dein Licht auf und deine Finsternis wird hell wie der Mittag.

Der Herr wird dich immer führen, auch im dürren Land macht er dich satt und stärkt deine Glieder.

Du gleichst einem bewässerten Garten, einer Quelle, deren Wasser niemals versiegt.«

Wer ist nackt?

Es geht in unserer Umgebung selten darum, dass jemand überhaupt etwas zum Anziehen hat. Irgendwelche gebrauchten Kleider sind immer zur Hand. Kleidung gehört zu den Gebrauchsgütern, die bei uns im Übermaß vorhanden sind.

Die Botschaft des Jesaja ist trotzdem nach wie vor aktuell, wenn man Nacktheit bzw. Bekleidetsein als Chiffre für Würde, Achtung und Ansehen eines Menschen sieht.

Es gibt Nacktheit im Sinne von Entwürdigung leider nach wie vor unter unseren Schwestern und Brüdern (so würde ich die Verwandten des Jesaja übersetzen) in der unmittelbaren Umgebung:

- Menschen, die gering geachtet werden, weil sie nur das Notwendigste zum Leben haben.
- Menschen, die als Flüchtlinge bei uns Sachleistungen erhalten und sich zum Beispiel keine Unterwäsche oder Schuhe kaufen können in der passenden Größe.
- Kinder, die gehänselt werden, weil sie keine Markenklamotten kaufen wollen oder können.

- Jugendliche aus armen Familien, die sich minderwertig vorkommen, weil sie bei dem, was gerade Mode ist, nicht mithalten können.
- Menschen, die kein Ansehen haben, weil ihnen das, was man für einen gutbürgerlichen Status nach außen vorzeigen muss, fehlt: Arbeit, Beruf, schicke Kleidung, Auto, Bankkonto, Wohnung.
- Menschen, die wegen psychischer Erkrankung oder einer Behinderung tendenziell ausgegrenzt werden.

Auftrag der Bibel

Die Nackten unserer Tage sitzen selten vor Kälte zitternd am Straßenrand wie in der Geschichte vom heiligen Martin. Das macht es für Einzelne und für die Pfarrgemeinden nicht leichter, die Aufforderung des Jesaja umzusetzen: »wenn du einen Nackten siehst ...« Nur wer sich ausdrücklich für die Nackten unserer Tage interessiert, wird sie auch zu Gesicht bekommen und die Gelegenheit haben, ihnen etwas von ihrer Würde zurückzugeben. Das heißt auch: Es ist nicht mehr getan mit einem Hemd oder einem Mantel, den man jemandem weitergibt. Nackte bekleiden bedeutet heute meist, in eine Beziehung zu kommen mit dem Bedürftigen und ihm in dieser Beziehung Wert und Würde wiederzugeben.

Darin sieht der Text des Jesaja eine zentrale Aufgabe derer, die an Gott glauben. Wer sich darum kümmert, wird selbst in hohem Maße profitieren. Er wird leuchten, die Herrlichkeit des Herrn wird ihm nachfolgen, ja der Herr selbst wird bei ihm sein, wenn er ihn braucht. Mit einem bewässerten Garten und einer nie versiegenden Quelle wird er verglichen.

Drei Anfragen

- Könnte es sein, dass die begrenzte Leuchtkraft von uns Christen, speziell von christlichen Gemeinden darin begründet ist, dass sie sich zu wenig für die Nackten unserer Zeit interessieren? Vielleicht weil sie zu sehr mit sich selbst beschäftigt sind?
- Könnte es sein, dass die heutigen Jüngerinnen und Jünger Jesu noch nicht realisiert haben, was ihre Hauptaufgabe ist, nämlich die liebende Zuwendung zu den Nackten?
- Könnte es sein, dass die Nackten unserer Zeit das Evangelium besser verstünden, wenn wir es mehr in der Sprache der Liebe und der Zuneigung und in solidarischer Verbundenheit verkündigten?

Josef Birk

Kranke pflegen

Es gibt dich
Dein Ort ist
wo Augen dich ansehen
wo sich die Augen treffen
entstehst du

Von einem Ruf gehalten
immer die gleiche Stimme
es scheint nur eine zu geben
mit der alle rufen
du fielest
aber du fällst nicht
Augen fangen dich auf
Es gibt dich
weil Augen dich wollen
dich ansehn und sagen,
daß es dich gibt

Hilde Domin

Ich kann mich gut daran erinnern: Ich war sieben Jahre alt; da bin ich beim Kühehüten aus Langeweile an einem kleinen Tunnel herumgeturnt, als es passierte. Ich stürzte kopfüber in das etwa 3 Meter tieferliegende betonierte Bachbett. Ich hatte so starke Prellungen am Kopf und am Oberkörper, dass ich einige Tage nicht in die Schule konnte.

Wie froh war ich, dass meine Mutter mir ganz in ihrer Nähe, nah an der Wirtshausküche, ein Krankenlager einrichtete und ich nicht abseits im Schlafzimmer allein sein musste. Wie lindernd war es, immer wieder eine streichelnde und tröstende Hand, ein »magst du etwas trinken?«, das

Einreiben mit Heilsalbe, eine kleine Ablenkung zu bekommen und nicht allein zu sein mit den Schmerzen.

Was für das Kind wohltuend ist und über die rein medizinische Pflege weit hinausgeht, ist für Menschen allen Alters ein existentielles Bedürfnis: als Kranker nicht allein gelassen zu werden, heilende Hände zu spüren, Aufmerksamkeit zu erhalten, weiter teilhaben zu können am Leben der Gemeinschaft, Aufmunterung und Zuspruch zu erfahren. So selbstverständlich der Wunsch danach ist, so schwierig ist die Realisierung einer ganzheitlichen Pflege unter den heutigen Lebensbedingungen. Schon Familien geraten dabei an ihre Grenzen, wo zum Beispiel ein Kind länger krank ist, beide Eltern berufstätig sind und die Großeltern weit weg wohnen oder wenn in einer jungen Ehe einer der beiden Partner schwer erkrankt und nach Krankenhausaufenthalten den ganzen Tag allein ist, während der andere beruflich unterwegs sein muss. Was also schon in der Familie schwierig werden kann, das ist erst recht für die vielen Alleinlebenden und auch die Alleinerziehenden eine große Herausforderung. Mit Single sein assoziieren wir gern die »große Freiheit Nummer Sieben«, ein Mehr an materiellen Gütern, die Idee, tun und lassen zu können, was man oder frau will. Was aber ist bei einer langwierigen Krankheit, wenn man sich kaum noch die Nahrung allein herstellen, geschweige denn Wäsche und Einkauf erledigen kann? Was, wenn aus übervoller Freiheit übermächtige Abhängigkeit von Dritten wird? Erst recht rückt die Frage für alleinstehende alte Menschen näher: Wie wird es mir ergehen, wenn ich nicht mehr gesund bin? Wer wird nach mir schauen? Werde ich gut versorgt werden? Werden sie auf meine Wünsche Rücksicht nehmen und mir auch in Gebrechlichkeit meine Würde lassen?

Wir alle sind in unserem Land gewohnt, dass wir bei solchen Fragen sofort an die beruflichen Helferinnen und Helfer denken, an die Krankenpfleger und -pflegerinnen in den Kliniken, an die Pflegekräfte in den Sozialstationen, an die Ärztinnen und Ärzte. Erst wenn wir in Ländern Afrikas, Asiens oder Lateinamerikas mit einem Familien- und Gesundheitssystem auf einem völlig anderen Niveau konfrontiert werden, fällt es uns wie Schuppen von den Augen, wie sehr die private solidarische Versorgung für Situationen in Not ein selbstverständlicher Rettungsanker sein kann. Und auch wie groß der Bedarf an außerfamilial organisierten Hilfen auf der anderen Seite bei uns geworden ist durch die soziologischen Veränderungsprozesse rund um Mobilität, beruflicher Erwerbstätigkeit, von Familiensystemen und Idealen der Individualität. Aber machen wir uns nichts vor: Einsame, Ausgestoßene, Vertriebene, Kranke ohne die Unterstützung in der Familie, das gab es zu allen Zeiten. Und es ist eine der großen zivilisatorischen und kulturellen Leistungen unserer Religion, dafür Antworten gesucht und gefunden zu haben.

Die biblischen Quellen für diese Suche sind in ihrem ethischen Anspruch eindeutig. Denken wir an das Wort in Johannes 10,10: »Ich bin gekommen, damit sie das Leben haben und es in Fülle haben.« Denken wir an die Seligpreisungen, die Gleichnisse vom heilenden Jesus, denken wir an die wunderschöne Erzählung der Salbung Jesu durch Maria von Betanien. Diese Salbung, spontan und voller Überschwang, zeichnet ein vitales Bild von der Begegnung mit Christus, von der Bedeutung der liebenden Geste. In der Nachfolge eines liebenden, barmherzigen Gottes wird es zur Tatverkündigung, sich den leiblichen und seelischen Nöten von Menschen mitleidend zuzuwenden und sie nicht in ihrer Not allein zu lassen, seien es Nahestehende oder

Unbekannte. Der spirituellen Tradition des Christentums würde ohne die Werke der Barmherzigkeit historisch eine vitale Lebensader fehlen – und auch ein wirkmächtiges Zeugnis für einen Gott der Liebe, der in Jesu Worten sich selbst beschreibt als der »Ich bin da«. Christen zu allen Zeiten haben sich in diese Nachfolge gestellt, sind an der großen Aufgabe gewachsen, haben sich selbst überschritten und damit tiefen existenziellen Sinn erfahren, andere sind daran verzweifelt und gescheitert. Auch wenn es für viele in Vergessenheit geraten sein mag: Die Hospitäler sind eine Erfindung der Christen! Hospital (hospitale pietatis, refrigerium pauperum, Hôtel Dieu, Gasthuis) bezeichnet im christlichen Altertum und in der Folgezeit eine Anstalt für Fremde, Pilger, Kranke, Arme und überhaupt für Hilfsbedürftige, getragen von einer religiös-sozialen Beherbergungspflicht, der sogenannten Tugend der hospitalitas. Ein Hospital wurde im Allgemeinen durch die Initiative des Diözesanbischofs errichtet. Schließlich zog der sich festigende Stadtstaat die Spitäler in seinen Hoheitsbereich. Bürgerliche Spitäler wandten sich, ihre Bedeutung verengend, den Einheimischen zu. So ist zum Beispiel überliefert, dass in der Stadt Soest in Westfalen Fremde nur eine einzige Nacht beherbergt wurden. Im Barock wurde die Spitalkultur durch betonte Wiederaufnahme mittelalterlicher Stiftungen neu belebt. Die neueste Entwicklung schuf dann den Typ des Krankenhauses. Trotz mancher Missstände ist im Ganzen gesehen die Geschichte der christlichen Hospitäler sittlich tief begründet.

Und wo stehen wir als Christen heute in der Bewegung für die Menschenwürde, konkret in der Pflege der Kranken? Die Ökonomisierung des Sozialen hat auch die katholischen Krankenhäuser, die katholischen Sozialstationen, die Familienpflege, die Nachbarschaftshilfe und die Altenpflege vor große Herausforderungen gestellt. Nicht wenige stationäre Einrichtungen wurden in kommunale Trägerschaften übergeben. Und für alle, die den Entwicklungen standgehalten haben, ist es eine große Herausforderung, dem christlichen Ethos unter den gegebenen finanziellen Rahmenbedingungen, unter dem Diktat einer Zweiklassenmedizin und einer Pflege, die in DRG-Fallpauschalen und Minutentakten eingezwängt ist, Raum zu geben. Ähnlich wie bei allen karitativen Aufgaben sind mindestens zwei aktuelle Fragestellungen in den Gemeinden zu bearbeiten:

Wie kann es gelingen, die Berufung jedes Christen zur Caritas wieder zu entdecken und auf die Delegation der Verantwortung an die Profis zu verzichten? Wie kann es gelingen, die große historische Innovation der Hospitäler heute in neue Innovationen zu übersetzen und das Werk weiterzutragen?

Im Lauf des 21. Jahrhunderts wird sich zeigen: Wer hat den Anspruch einer ganzheitlichen palliativen Versorgung, die die seelischen Nöte und spirituellen Fragen sterbender Menschen integriert, gesellschaftlich vorangetrieben? Es wird auch gefragt werden, ob die christlichen Gemeinden, ob die Hospizbewegung sich gegen die massiven Interessen zur aktiven Sterbehilfe durchsetzen konnten. Wo immer der Anspruch der Menschenwürde in Gefahr ist, werden Christen gefragt sein: Was ihr dem Geringsten meiner Brüder getan habt, das habt ihr mir getan. Oder mit Hilde Domin: »... du fielest, aber du fällst nicht.«

Irme Stetter-Karp

Gefangene besuchen

»Gefangene besuchen« – dies gehört zum Kernbestand dessen, was christliche Nächstenliebe ausmacht. In der aufrüttelnden Rede des Weltenrichters nach Matthäus 25 gehören die Gefangenen zu denjenigen, mit denen sich Jesus Christus ausdrücklich identifiziert – ebenso wie die Hungernden und Dürstenden, die Heimatlosen und Wohnungslosen, die Kranken, die Nackten und ihrer Würde Beraubten. Die Begegnung mit ihnen ist Christusbegegnung, der Dienst an ihnen ist Christusdienst. Verweigerung dieser Begegnung und dieses Dienstes bedeutet, Jesus Christus zurückzuweisen. Deutlicher und drastischer kann man es nicht sagen. Es ist in der Tat eine Zumutung, die des Mutes, immer wieder der Ermutigung und auch der Selbstermutigung bedarf. Denn diese Menschen sind häufig alles andere als bequem; sie können unangenehm sein, fordernd, anklagend – gerade bei Gefangenen kann man dies erleben. Es ist nicht unangebracht, dieses sogenannte »leibliche Werk der Barmherzigkeit« mit einem der »geistlichen Werke der Barmherzigkeit« in Zusammenhang zu bringen: »Lästige ertragen«, so lautet es. Wer wüsste nicht, wie schwer einen das oft ankommt. Wir haben uns angewöhnt, diese Menschen als Mitglieder von »Randgruppen« zu betrachten. Jesus Christus rückt sie aber in die Mitte, denn er selbst ist die Mitte. Und er erwartet – so lese ich diesen Schrifttext – unsere Zuwendung zu ihnen nicht um seinetwillen, sondern um ihretwillen. Ausschließlich um ihretwillen. Und erst dieses vorbehaltlose Um-ihretwillen erweist sich überraschend als ein Um-seinetwillen. Man mag sich fragen, wie vieles in unserem Christen- und Kirchenleben an den Rändern angesiedelt ist, obwohl es ins Zentrum gehört; und wie vieles wir als zentral betrachten, obwohl es sich eigentlich um Randprobleme handelt.

Gefangene besuchen. Ich spreche aus der persönlichen Betroffenheit einer mehrjährigen Tätigkeit als Seelsorger im Strafvollzug. Und obwohl dies eine ganze Reihe von Jahren her ist, erinnere ich mich sehr wohl daran, wie der Umgang mit Gefangenen durch viele Zwiespältigkeiten geprägt ist: durch Bevorzugung und Benachteiligung; durch empathische Zuwendung, aber auch durch Fremdheit und Ablehnung. Und ich erinnere mich deutlich an die Versuchung, zynisch zu werden – oft genug Ausdruck von Hilflosigkeit und Ohnmacht, manchmal auch Selbstschutz und Abwehr dagegen, getäuscht und in seinen guten Absichten missbraucht zu werden. Ich erinnere mich auch an verzweifelte Menschen, die mit sich und den anderen nicht mehr zurechtkommen und keinen Ausweg aus ihrer verworrenen Lebensgeschichte erkennen können. Ein Wort des Propheten Jesaja fällt mir dazu ein: »die Müden stärken durch ein aufmunterndes Wort« (Jes 50,4).

»Vergesst die Gefangenen nicht« (Hebr 13,3). Das ist ein uralter Auftrag an die christliche Gemeinde. Für die Menschen früherer Zeiten war es eine häufige Erfahrung, dass Menschen aus despotischer Willkür eingekerkert wurden, als Opfer von Kampf um Macht und Interessen, nicht zuletzt wegen ihres Glaubens. Lange ist es auch in unserem Land nicht her, dass unschuldige Menschen solchen Leiden ausgesetzt waren. Und es bedarf nur eines Blicks in die Tageszeitung, um wahrzunehmen, wie Menschen weltweit geknechtet und ihrer Freiheit beraubt werden – oft ohne Gerichtsurteil und Anspruch auf anwaltliche Unterstützung. Bis hinein in rechtsstaatlich organisierte Gesellschaften ist dies zu beklagen. Wir leben hierzulande mit einer Verfassung und einer Gesetzgebung, die aus den Schrecken der jüngsten Vergangenheit ihre Lehren gezogen und die Menschenrechte zu ihrem sakrosankten Kern erklärt haben. Ich betone dies in Würdigung unseres Rechtsstaats. Und dennoch ist der urchristliche Dienst, die Gefangenen zu besuchen, d.h. sie als Menschen aufzusuchen und wahrzunehmen, auch bei uns oft ein Zeugnis für Menschlichkeit gegenüber Willkür, Vereinsamung und Verzweiflung, auch gelegentlich gegenüber der Macht von Institutionen über Menschen. Ich denke dabei auch an Menschen, denen nichts anderes vorgeworfen werden kann, als dass sie auf der Suche nach menschenwürdigeren Lebensbedingungen bei uns Heimat zu finden hoffen, die in illegalem Status leben und in der Abschiebehaft einer oft verzweiflungsvollen Zukunft entgegensehen.

Gefangene in unserem Land sind auf Grund eines Gerichtsurteils in Haft – schuldig geworden durch Straftaten, oft durch Verbrechen, die anderen die menschliche Zuwendung schwer machen. Das schließt die beklagenswerten Fälle nicht aus, in denen ein Strafmaß von unangemessener Härte verhängt worden ist, auch nicht die – zumindest dem Anschein nach – ungleiche Behandlung prominenter oder nicht prominenter, deutscher oder ausländischer Straftäter. Wir gehen davon aus, dass ein Mensch für seine Taten Verantwortung tragen muss, dass Schuld der Sühne bedarf. Allerdings – jedes spektakuläre Verbrechen macht dies erneut deutlich – ist im öffentlichen Bewusstsein das Ziel der Resozialisierung von Straftätern allzu oft einem Bedürfnis nach Vergeltung gewichen. Und ein überzeichnetes Sicherheitsbedürfnis lässt oft vergessen, dass auch ein Straftäter unter dem Schutz der bürgerlichen Freiheitsrechte steht.

Ich möchte den gedanklichen Zusammenhang zwischen Freiheit, Schuld und Strafe hinterfragen, der unserem Gerechtigkeitsempfinden ebenso wie unserer Strafjustiz zugrunde liegt. Ich gehe dabei nicht so weit wie der Sozialpsychologie Erich Fromm, demzufolge sich Staat und strafende

Gesellschaft bzw. die herrschende Klasse als Vaterbild aufoktroyieren, als »Stock an der Wand, der auch dem braven Kinde zeigen soll, dass ein Kind ein Kind und ein Vater ein Vater ist«. Ich folge auch nicht Karl Marx' Sentenz, dass die herrschende Moral die Moral der Herrschenden sei. Ein humanes Miteinander bedarf eines gemeinsamen und verbindlichen Ethos, das sich an die Freiheit und an die Verantwortung aller richtet. Dennoch darf nicht übersehen werden, dass – ebenso wie das Gute und moralisches Verhalten – auch Schuld und Versagen zu den Urbedingungen des Menschseins gehören. Kein Mensch ist ohne Schuld. Allzu leicht projizieren wir zur eigenen Entlastung diese Nachtseite unserer Existenz auf andere. Allzu leicht vergessen wir auch, dass nicht nur ausdrücklich gewolltes schuldhaftes Verhalten zu Straftaten führt, sondern auch nicht gelungene Entwicklung, versagte Lebensperspektiven, eine Art »sozialer Vererbung« von Lebensbedingungen, für die der Einzelne nur bedingt verantwortlich ist. Wir, die wir unter glücklicheren Bedingungen leben, tragen oft wenig dazu bei, die Chancen anderer auf ein geglücktes Leben zu verbessern. Und schließlich: Die Freiheit ist eine Grundbestimmung des Menschen, in der seine Würde begründet ist. Das ist für mich eine fundamentale Einsicht. Ich wende mich gegen ein deterministisches Menschenbild, sei dies biologisch oder sozial akzentuiert. Und dennoch ist es oft sehr schwer zu entscheiden, in welcher Weise wir frei oder unfrei sind oder beides zusammen in undurchschaubarer Ambivalenz. Zu unserem Leben gehören auch die Tragik, der »unfreie Wille«, die geknechtete Freiheit, von der Augustinus und Luther gesprochen haben. Von allem Anfang an, davon spricht die »Sündenfallerzählung« der Bibel, ist der Mensch, der die Freiheit seines Erkennens und Handelns wahrnimmt, auch unter dem Bann einer Verführung, die stärker sein kann als er selbst. Zum Menschen gehört die Tragik, welche ihn »des Mitleids nicht minder würdig macht als des Zornes« (Paul Ricœur). Durch unser Leben und durch unser Miteinander zieht sich von allem Anfang ein Ur-Riss, den wir nicht aus eigener Kraft überwinden können. Durch sein Kreuz und seine Auferstehung, so sagt unser Glaube, hat Jesus Christus diese fundamentale Verletzung geheilt. Er ist in seiner Person die Versöhnung einer zerrissenen Welt. Die Gefangenen besuchen – das ist jenseits aller Fragen von Schuld und Strafe ein Weg, der von Christus geschenkten Versöhnung Ausdruck zu verleihen.

THOMAS BROCH

Tote bestatten

Das Werk der Barmherzigkeit »Tote bestatten« bleibt aktuell. Eine Erdbestattung kostet mehr, als der Betrag hergibt, den ein Sozialhilfeempfänger den Vorschriften entsprechend für sich zurückbehalten darf. Aber auch aus anderen Gründen ist die Frage der Beerdigung für viele ein Problem. Manche sind mit der Organisation einer Beerdigung eines Angehörigen überfordert. Sie wohnen nicht an dem Ort, wo der Verstorbene lebte und beerdigt werden soll. Oft sind auch keine weiteren Angehörigen da, die sich der Beerdigung und vor allem der späteren Grabpflege annehmen könnten. Gestorben wird in Einsamkeit, entsprechend einsam ist die Bestattung. Die Tendenz zur professionellen, rein technischen Entsorgung der Toten nimmt zu.

Dazu kommt der Ausfall der christlichen Auferstehungshoffnung in der Breite der Bevölkerung. Dieser Ausfall hat Auswirkung auf die Trauerkultur und die Gestalt der Totenbestattung. Dafür möge nur ein Beispiel stehen: In der Frankfurter Allgemeinen Zeitung vom 31. August 2007 las ich, dass der Hamburger SV einen eigenen Friedhof für Fans des Vereins angelegt hat. Die spätere Beerdigung in Sichtweite der Haupttribüne des Vereinsstadions sei gewährleistet!

Der Wandel in der Begräbniskultur ist unübersehbar. Man könnte ihn auf die Formel bringen: Früher galt ein Begräbnis als ein Dienst an dem Toten. Heute ist ein Begräbnis ein Dienst an den Angehörigen und ihren »Ansprüchen« – sei es, dass diese sich die Beerdigung als »Rund-um-Service« bestellen, sei es, dass Angehörige und Freunde des Verstorbenen dessen Beerdigung vermittels eines Bestatter-Unternehmens »inszenieren«. Und da können manche skurrile Formen gewünscht werden – bis hin zum Sektglas am offenen Grab, »weil doch die Oma immer auch gern ein Gläschen getrunken hat«!

Der Tote ist heute bei einer Beerdigung das Unwichtigste. Wichtig sind die Hinterbliebenen und ihre Vorstellungen und Wünsche. Früher reichte ein einheitliches Ritual für die Beerdigungsfeier, heute soll eine Beerdigung möglichst individuell gestaltet werden. Auf manche Wünsche kann sicher auch ein Geistlicher eingehen – aber sicher nicht auf alle. So haben sich auf dem Markt der Trauerkultur bzw. Trauerunkultur manche neue Anbieter etabliert, »Trauerdesigner« mit ihren seriösen und manchmal auch fragwürdigen Angeboten. Aus den Kirchen als »Monopolisten« auf dem Gebiet der Bestattungskultur sind Anbieter neben vielen anderen Anbietern geworden.

Es ist zuzugeben, dass die christliche Bestattungskultur mit ihren kulturellen Ausprägungen und Ausdrucksformen immer auch zeitgebunden war. Man vergleiche nur einmal einen Herrnhuter Friedhof mit einer barocken Grabanlage. Auch christliche Grabkultur unterliegt einem Wandel. Nicht die Veränderungen an sich sind das Problem, sondern die Frage, in welche Richtung diese Veränderungen zielen.

Was auffällt, ist die Zunahme privatreligiöser, zum Teil esoterischer bzw. nichtchristlicher Überzeugungen, die sich dann auch bei der Grab- und Friedhofsgestaltung auswirken. Ich denke an Bestattungen unter Baumwurzeln, Seebestattungen, anonyme Bestattungen u. Ä. Seit dem Zweiten Vatikanischen Konzil (1962–1965) hat sich hinsichtlich des Begräbnisrituals und der Beisetzungsformen auch innerhalb der katholischen Kirche einiges verändert. Doch setzt sich der gesellschaftliche Trend zur Individualisierung auch in den kirchlichen Gemeinden fort, besonders im städtischen Umfeld. Manche kirchlich überkommenen Formen der Totentrauer sind heute schon verloren.

So gibt es durchaus auch unter katholischen Christen die Versuchung, sich auf anonyme Bestattungen einzulassen. Man will »keine Umstände« machen. Das widerspricht freilich einem entscheidenden Punkt der christlichen Begräbniskultur: Diese ist daran interessiert, neben der Auferstehungshoffnung und natürlich einem würdigen Umgang mit dem Leichnam vor allem auch die personale Identität des Verstorbenen zu bewahren, ihm also seinen »Namen« zu erhalten – vor Gott und im Gedächtnis der Menschen. Man kann in Kurzfassung sagen: Christlich wird eine Bestattung

1. durch die in der Bestattung zum Ausdruck kommende österliche Auferstehungshoffnung,
2. durch die Wahrung der personalen Identität des Toten (Erhalt seines »Namens« bei Gott und den Menschen und eines Ortes für sein Andenken) und
3. durch den angemessenen, würdigen Umgang mit dem Leichnam.

Rituale allein schaffen keinen Sinn. Es ist der Glaube, der sich in Riten und Bräuchen seinen Ausdruck verschafft. Darum ist die Sorge um die Hebung des christlichen »Grundwasserspiegels« in unserer Gesellschaft auch ein Beitrag zur Bestattungskultur.

Es ist ja nicht so, dass die Zivilgesellschaft an der Frage nach den Toten uninteressiert wäre. Ich erinnere nur an die heftige Diskussion, die jüngst die Frage nach dem Holocaust-Mahnmal in Berlin, und zwar nach seinem Ob und (!) seinem Wie, ausgelöst hat. Die Frage nach dem Verbleib der Toten im Gedächtnis der Gesellschaft ist durchaus virulent. Die Toten lassen uns nicht los.

Es gibt kein restloses Aufgehen des einzelnen Menschen in einer abgekapselten Individualität. Wir sind immer zugleich in und mit unserer Individualität soziale Wesen, deren menschliches Profil sich darin zeigt, dass wir auf Gemeinschaft, auf Sozialität hin angelegt sind. Tiere bestatten einander nicht. Sie setzen sich gegenseitig keine Grabdenkmäler. Sterben und Tod sind anthropologische Konstanten, die nicht zu überspringen sind – es sei denn, wir geben unsere Menschlichkeit auf. Ohne Riten und Rituale vermögen wir nicht zu leben, besonders an den Wendepunkten des Lebens, gerade auch beim Sterben und im Angesicht des Todes. Selbst in der atheistisch geprägten Gesellschaft der DDR gab es entsprechende Riten der persönlichen und gesellschaftlichen Verabschiedung von den Toten.

Solche Überlegungen helfen mir, angesichts des Wandels in der gegenwärtigen Bestattungs- und Trauerkultur nicht in einen anthropologischen Pessimismus zu verfallen, der überall nur Verfall und Schwinden von Humanität konstatiert. Manche Skurrilitäten im Bereich des Bestattungswesens sind für mich eher Ausdruck von Hilflosigkeit und daraus resultierender Geschmacksverirrung als bewusste Inhumanität. Es gilt die kulturproduktiven Momente des anthropologischen Urdatums Sterben und Tod neu in den Blick zu nehmen, ja diese bewusst zu gestalten.

Von einer solchen Initiative möchte ich im Folgenden berichten. Seit März 2002 treffen sich an jedem ersten Freitag im Monat um 15 Uhr im Erfurter Dom Christen und Nichtchristen zu einem »Totengedenken«. Manche kommen immer wieder, manche nehmen nur gelegentlich an diesem Gottesdienst teil. Die Namen der Verstorbenen werden in ein kostbar gestaltetes Buch eingetragen, das in einem Bucheinband aus dem 16. Jahrhundert aufbewahrt wird und in der Nähe des sogenannten »Heiligen Grabes« im Dom ausgestellt bleibt. In jedem Gottesdienst gibt es immer wieder neue Eintragungen von Verstorbenen. Es sind die Namen von Eltern, Geschwistern, Kindern und Freunden. Manche fügen das Geburts- und Todesdatum hinzu und manchmal auch einen persönlichen Satz.

Es ist dem Menschen nicht möglich, ohne einen konkreten »Ort« der Trauer oder auch ohne einen Ritus des Abschieds sich von einem geliebten Menschen wirklich zu verabschieden. Die menschliche Trauer braucht nicht nur Zeit, sondern auch einen Ort des Gedenkens. Christen können aufgrund ihrer reichen Liturgietradition helfen, eine für alle leicht nachvollziehbare Feierform zu finden, die den Abschied von Verstorbenen und das Verarbeiten der Verlusterfahrungen möglich macht. Das Eintragen eines Namens, das Anzünden von Kerzen, der Gang zu einem Ort des Gedenkens, der gemeinsame Gesang von Liedern, das Zuhören beim Verlesen biblischer Texte und das Wechsel- und Fürbittgebet sind angemessene und angenommene Hilfen zur Bewältigung von Trauer über den Verlust eines Menschen.

Der wichtigste Beitrag der Christen zu einer Bewahrung und Erneuerung eines christlichen Umgangs mit Tod und Trauer bleibt sicher die authentische Feier der Eucharistie. Es ist meine feste Überzeugung: Solange hier in unseren Kirchen Christen liturgisch den Tod des Herrn und seine Auferstehung feiern und aus der Kraft dieser Feier ihr Leben gestalten, wird es keine rein technische Entsorgung der Toten in unserem Land geben. Ich denke dabei an die Mahnung des Apostels Paulus, die er im 1. Thessalonicherbrief, dem ältesten christlichen Briefdokument, das wir kennen (um 50 n. Chr. geschrieben), ausspricht: »Trauert nicht wie die anderen, die keine Hoffnung haben!« (1 Thess 4,13). Die Christen dürfen durchaus trauern – aber eben anders. Österlich. Und das sollte auch an unseren Gottesdiensten und Begräbnisfeiern erkennbar bleiben.

Joachim Wanke

Tot

Das Leiden hat ein Ende. Jesus wurde ins Grab gelegt.

Man spricht manchmal von Grabesruhe. Doch das Bild strahlt nicht Ruhe aus. Das ist vielmehr Leichenstarre. Starr, eingebunden mit Binden liegt Jesus im Grab. Da ist ganz und gar nichts mehr von Bewegung, da ist kein Leben mehr.

Von Ruhe kann man nur dort sprechen, wo auch Bewegung denkbar ist. Das Starre wird unterstrichen durch das dunkle steinerne Rechteck des Grabes.

Auffallend die weiße Farbe, nur unterbrochen durch ein paar verkrustete Blutflecken. Es ist unklar: Ist es die alles beherrschende Leichenblässe, die von den verschwommenen Gesichtszügen auszugehen scheint? Oder ist es ein Glanz, der irgendwo anders herkommt? Kommt dieser Glanz etwa durch den Spalt in der Graböffnung, ein Vorbote dafür, dass die Leichenstarre doch nicht das letzte Wort haben wird?

Doch es wehrt sich etwas dagegen, wenn zu schnell zur Auferstehung übergegangen wird. Das riecht nach vorschneller Vertröstung. Zunächst ist es eine himmelschreiende Tatsache, dass Jesus umgebracht wurde und dass er tot ist. Die Erbarmungslosigkeit der Menschen hat ihn umgebracht.

Wir wissen, dass Gottes Erbarmen ihn letztlich nicht im Stich ließ und ihn auferweckt hat, aber zunächst müssen wir die tödliche Wirkung der menschlichen Erbarmungslosigkeit zur Kenntnis nehmen und aushalten. Diese darf auf keinen Fall verharmlost werden; denn die Blutspur menschlicher Erbarmungslosigkeit zieht sich leider bis heute durch die menschliche Geschichte.

Trotzdem schimmert ähnlich wie im Grabesbild schon jetzt etwas vom Neuen durch, überall dort, wo Menschen die Barmherzigkeit des Reiches Gottes praktizieren.

Josef Birk

Unwissende belehren

In der spirituellen Tradition der Werke der Barmherzigkeit gehört es zu den geistlichen Werken, Unwissende zu belehren. Beim genaueren Nachdenken darüber, wie aber der Zusammenhang zwischen Barmherzigkeit und dem Belehren von Unwissenden tatsächlich ist, wird deutlich, dass dies doch erst noch aufzuschlüsseln ist.

Denn was bedeutet eigentlich, »unwissend« zu sein, »belehrt« zu werden und das vor dem Hintergrund, einem anderen etwas Gutes zu tun, sich barmherzig zu erweisen? Ist doch Barmherzigkeit jene Form der Liebe, die sich einem anderen zuwendet, der in Not geraten ist und sich selbst nicht mehr daraus befreien kann. Als barmherzig erweist sich damit derjenige, der sich von dieser Not treffen lässt und Maßnahmen ergreift, die dem Betroffenen wieder Lebensmöglichkeiten eröffnen. In dieser Linie ist das »Unwissendsein« in den Blick zu nehmen. Und das nicht nur in dem Sinn, dass jemand das eine oder andere an mehr oder weniger notwendigen Dingen nicht weiß, also Nichtwissen, sondern das Unwissen dessen, was zu einem selbstverantwortlichen Handeln und Leben notwendig ist. Damit geht das Unwissen wesentlich tiefer als das Nichtwissen – wobei beides in unterschiedlicher Weise Leben einschränkt und damit Nöte verursacht. »Lehren« bzw. »belehren« ist nun eine Form der barmherzigen Zuwendung, welche die Not des Unwissens zu beheben versucht. Da geht es jemandem zu Herzen, dass einer nicht über das Wissen verfügt, was er zu einem selbst zu verantwortenden und selbst bestimmten Leben benötigt. Und deshalb versucht er ihn aufzuklären, ihn eines Besseren zu belehren und ihm entsprechende (Lebens-) Kenntnisse zu vermitteln.

Jesus der Lehrer

Auf einem byzantinischen Mosaik aus dem 11./12. Jahrhundert ist Jesus mit einem Buch dargestellt und damit als Lehrender ausgewiesen. Titel des Mosaiks aber ist »Christus als Erbarmer«. Offenbar wird hier genau der Zusammenhang von belehren und Barmherzigkeit in eins gebracht.

In den Evangelien wird Jesus häufig als Lehrer beschrieben. Er lehrt in der Synagoge (vgl. Lk 4,16ff). Er legt die Schrift mit Vollmacht aus (vgl. Lk 4,36; 20,1ff) und lehrt seine Jünger das Beten (vgl. Mt 6,5ff). Seine lehrende Rolle beschränkt sich jedoch nicht allein auf das Wort, sondern wird mit wirkmächtigen Zeichen unterstützt. So sind seine Reden häufig in Heilungserzählungen eingebunden. Denn mit den Heilungen veranschaulicht Jesus, was das Reich Gottes bedeutet. Kranke Menschen im biblischen Sinn befinden sich in der Regel in einer Situation der Aussichtslosigkeit. Krankmachenden Mächten ausgeliefert stehen sie oft am Rande der Gesellschaft. Deutlich wird dies besonders am Beispiel der gekrümmten Frau (Lk 13,10–17), die 18 Jahre durch einen »Krankheitsgeist« gefesselt war. Durch die Begegnung mit Jesus, mit seinem Wort und seiner Berührung wird sie aufgerichtet und kann ihr Leben in Freiheit gestalten. Im wahrsten Sinne des Wortes erfährt sie sich als erlöst, losgelöst von der Fessel der Krankheit, so dass ihr Leben durch die Begegnung mit Jesus eine neue Qualität bekommen hat. Aufrecht stehen, gehen und damit beziehungsfähig werden.

Die Heilungen Jesu sind damit pädagogische Zeichenhandlungen. Sie zeigen, was seine Lehre von der Gottes- und Nächstenliebe bedeutet. Heilung im Sinne Jesu und damit als Beglaubigung seiner »Lehre« kann auch heute geschehen, wo sich jemand durch die Begegnung mit dem lehrenden Jesus in der Lektüre der Heiligen Schrift oder im

Erleben hilfreicher Menschen, im Gebet oder im Gottesdienst getröstet erfährt. Das kann durch einen Menschen sein, der ein gutes Wort spricht und Mut macht. Es kann aber auch die Erfahrung sein, dass ich mich von Gott mit meinen Stärken und Schwächen angenommen weiß.

Jesus macht allerdings auch die Erfahrung, dass seine Lehre nicht immer erfolgreich ist. Er muss erleben, wie Petrus ihn in seinem Leiden verleugnet (vgl. Lk 22,54ff). Seine Lehrergeschichte ist nicht nur eine Erfolgsgeschichte. Sein rettendes Wissen wird abgelehnt und selbst die Jünger, die ihn ganz nah erlebten, verstehen ihn oft nicht (vgl. Joh 6,60ff). Sie erkennen seine Botschaft erst nach seinem Leiden, seinem Tod und seiner Auferstehung – und das noch nicht einmal sofort (vgl. Lk 24,13ff). Trotzdem sendet Jesus seine Jünger aus, die Botschaft des Evangeliums zu verkünden und Kranke zu heilen (vgl. Mt 28,16f). Das bedeutet, dass Menschen in seiner Nachfolge nicht erst einen »perfekten Wissens- bzw. Glaubensstand« erreicht haben müssen. Christinnen und Christen sind gesandt, ihren Glauben zu leben und Zeugnis davon zu geben, auch wenn er nicht vollkommen ist und sie Zweifel und Fragen haben.

Jesus ist jedoch als Lehrer nicht nur der Lehrende. In der Geschichte von der kanaanäischen Frau (vgl. Mt 15,21ff) drückt sich eindrucksvoll aus, dass Jesus selbst zum Lernenden wird. Schroff weist er die heidnische Frau zunächst zurück, da er sich allein zum Volk Israel gesandt weiß. Die Frau aber lässt sich selbst durch sein demütigendes Beispiel nicht abschrecken, greift dieses auf und verwendet es in ihrem Sinn. Daraufhin gibt sich Jesus »geschlagen«, weil er offenbar erkannt hat, dass ein derartiger Glaube Beachtung verdient und auch die Heiden zum Heil berufen sind. Jesus, der Lehrer, als Lehrender und Lernender.

Die Haltung des Lehrens

Unwissende belehren kann autoritär klingen, von oben herab. Der »alles wissende« Lehrer lehrt etwas dem »unwissenden« Schüler. Er hat die Einsicht in die Wahrheit und unterbreitet sie dem Schüler. Wer kennt derartige Beispiele nicht aus seinem eigenen Leben?!

Unwissende belehren heißt für mich vor diesem Hintergrund, dass Positionen erläutert und vermittelt werden müssen als eine Einladung zum Dialog. Der Lehrende ist immer auch der Lernende und kann Lehrerfolge nicht erzwingen. Etwas von dem (Lebens-) Wissen aufzunehmen, das der Lehrende weitergegeben hat, liegt allein in der Freiheit dessen, der zu lernen bereit ist. In einer solchen Haltung gestattet der Lehrende dem Lernenden, selbst zum Lehrenden zu werden, denn auch er hat Einsichten in das Leben, die der Beachtung wert sind. Das ist eine Haltung der gleichen Augenhöhe. Und wenn dann noch das Zeugnis des Lebens dazu kommt, bestehen gute Chancen, dass das Gelehrte selbst glaubwürdig wird.

Das Menschenrecht auf Bildung

Unwissende belehren. Der Zugang zu Bildung und Bildungschancen sind entscheidend, damit sich ein Kind, ein junger Mensch und auch jeder Erwachsene entfalten und sein Leben selbstbestimmt und verantwortlich gestalten kann. Bildung als ein umfassender Prozess der Lebensbewältigung ist ein Menschenrecht. Wie in kaum einem anderen europäischen Land hängen in Deutschland Bildungschancen jedoch von der sozialen Herkunft ab. Fast 8% eines Jahrgangs beenden die Schule ohne Schulabschluss mit entsprechend schlechten Chancen auf dem Ausbildungs- und Arbeitsmarkt. Bildungschancen für benachteiligte Menschen zu verbessern, das ist angesagt. Und dazu brauchen wir nicht nur entsprechende Veränderungen in der Bildungspolitik, vielmehr kann sich jeder Einzelne dafür einsetzen. Viele Menschen engagieren sich ehrenamtlich/freiwillig auch unter dem Dach der Caritas als Bildungspaten. Sie begleiten benachteiligte Kinder und Jugendliche und unterstützen sie während ihrer Schullaufbahn oder in der Ausbildung. Sie werden häufig zu guten Freunden der Jugendlichen und stärken ihnen den Rücken. Bildungsgerechtigkeit für alle heißt das Ziel, wofür sich die Caritas der Kirche engagiert einsetzt. »Unwissende belehren« als ein Werk der Barmherzigkeit.

Peter Neher

Zweifelnden raten

»Voorlichter« – so nennt man in den Niederlanden Berater bzw. Beraterinnen. Vorausleuchter. Ein schönes und aufschlussreiches Bild für eine wichtige und verantwortungsvolle Aufgabe.

Beratung hat heute in unserer Gesellschaft Konjunktur. Noch mehr: Hochkonjunktur. Die Freiheit, die uns (westlichen) Menschen in der Moderne und durch sie zugewachsen ist, erhöht die Zahl unserer Wahlmöglichkeiten spürbar und öffnet viele Türen. Wir leben derzeit in einer Gesellschaft, die zumindest im Modus der Möglichkeit unglaublich viele Optionen für den Einzelnen offen hält. Für die Groß- bzw. Urgroßelterngeneration in der ersten Hälfte des vergangenen Jahrhunderts war es noch relativ klar, welcher Standort in der Gesellschaft, welche Rolle und Aufgabe ihnen für ihren Lebensbereich zugekommen ist bzw. zukommen würde. Sie hatten den Rahmen der Tradition, in dem sie sich vorfanden und bewegen konnten. Man wusste, was es für den Lebensentwurf hieß, im bäuerlichen Umfeld geboren zu sein oder als Beamter oder Handwerker zu leben. Identität hieß Übereinstimmung mit der Tradition. In einer individualisierten Gesellschaft heißt Identität Übereinstimmung mit sich selbst und den Herausforderungen, die auf einen persönlich zukommen. Das macht das Leben interessant, aber nicht einfacher. Wir müssen lernen, für uns selbst zu sorgen: für den eigenen Lebenslauf, die Wert-Orientierungen, den Sinnhorizont des Lebens, für das Rollenverständnis als Mann oder Frau, in einer Familie oder Partnerschaft.

Wir müssen wählen. Eine Unzahl von Lebensmustern, Weltbildern, religiösen Identitäten und Leitbildern, Kommunikationsformen, Rollenvorstellungen usw. finden sich im Angebot. Alles steht in vielfacher Form zur Auswahl.

Dazu gehört auch die Erfahrung, dass die Fülle zur Überfülle ausartet, die vielen Aussichten zur Unübersichtlichkeit führen. Wem fällt es leicht, unter der schier unüberschaubaren Vielfalt an Auswahlmöglichkeiten für alle möglichen Lebensbereiche das Stimmige und Richtige für sich zu wählen? Wer weiß heute auf Anhieb, ob der Traumberuf Zukunft haben wird, ob der Schulabschluss dafür ausreicht, welche Zusatzqualifikationen man sich aneignen muss? Wer ist sicher in Erziehungsfragen, in der Wahl der passenden Schule für die Kinder? Wer gibt Orientierung im Rollenverständnis als Mann oder Frau? Was bedeutet es, heute ein moderner Mann zu sein, eine zeitgemäße Frau?

Wir sind dabei, wegen der überreichen, aber individualisierten Chancen ein Volk von Verunsicherten zu werden. Weil man die hoch differenzierten Details nicht mehr zu verstehen wähnt, traut man auch dem sogenannten gesunden Menschenverstand längst nicht mehr und erlebt überdies, dass die Entscheidungshilfen aus der Vergangenheit nicht mehr tragfähig sind, weil sich die Umstände zum Teil gravierend verändert haben. Die Vielfalt bringt in Zwiespalt. Der Zwiespalt fördert den Zweifel.

Auch aus diesem Grund sind die »Berater« heute sehr gefragt. Wer aufmerksam die Medien daraufhin wahrnimmt, wird feststellen: Es gibt sie mittlerweile für so gut wie jede Lebenslage. Die Palette reicht von »der Beraterbank« zur Wahl des richtigen Schuhs für »Outdooraktivitäten« bis hin zur Beratung für den Lebenssinn über 50.

Eine weitere Kategorie findet sich in jeder Buchhandlung. Das sind die selbst ernannten Ratgeber. Sie gelten nicht denen, die zweifeln, sondern den Leichtgläubigen. Dabei geht es vor allem um das gute Geschäft. Der Rat liegt dann eher auf der Ebene der vermeintlich schnellen und meist auch zu einfachen Lösung wie zum Beispiel »Abnehmen im Schlaf«. Diese Ratgeber sind gut zu unterscheiden von denjenigen, die man sich sucht oder die einem bisweilen auch »der Himmel« schickt.

Für uns aufgeklärte Menschen der Neuzeit gehört der Zweifel zum Leben dazu. Zeigt er doch, dass man denkt und bedenkt und nicht blindlings glaubt, was einem angeboten wird. Wer zweifelt, sucht den richtigen Weg und sucht die Wahrheit für sein Leben. Bei den »Zweifelnden der Bibel« ging es meist um das Leben aus Gottes Hand: um die Frage der Nachkommenschaft, um die Auferstehung.

Die lachende Sara, die fragende Maria bei der Verkündigung des Engels Gabriel, der sinkende Petrus, Zacharias, dem die Botschaft des Engels unheimlich war, der »ungläubige« Thomas, die zweifelnden Jünger im Schlusskapitel des Matthäusevangeliums, Kleopas und der »andere Jünger« auf dem Weg nach Emmaus ...

Man ist in guter biblischer Gesellschaft, wenn einem in bestimmten Lebenssituationen etwas zweifelhaft erscheint oder man sich mit Fragen auseinandersetzen muss, die einen in der Tiefe der Seele bewegen, durch Mark und Bein oder an die Nieren gehen. Der Zweifel macht wesentlich und betrifft den ganzen Menschen. Er mag ein guter Reinigungsvorgang sein, die Spreu des Lebens vom Weizen unterscheiden zu lernen.

Jedoch: Wer zweifelt, sollte nicht allein gelassen werden. Sonst gerät man allzu schnell an die kritische Grenze vom Zweifel zur Verzweiflung.

»Ein Rat, den Ahitofel gab, galt in diesen Tag so viel, als hätte man ein Gotteswort erbeten.« So wird im zweiten Buch Samuel (16,23) über den damaligen Berater König Davids gesprochen. Und dies, obwohl dieser später die Seite wechselte, Abschalom unterstützte und unrühmlich endete. Der gute Rat, den Menschen anderen geben, wird von jeher geschätzt. Nicht von ungefähr zählt der Rat zu den sieben Gaben des Heiligen Geistes.

Rat zu geben und Rat zu nehmen ist ein zutiefst geistlicher Vorgang. Er vollzieht sich im Dialog und lebt vom Austausch. Er ist eine Kostbarkeit, eine Insel des Vertrauens im stürmischen Meer des Lebens, ein nährender Ruhepunkt in der schnell verrinnenden Zeit.

Mitgehen wie der Auferstandene bei den Emmausjüngern, die Situation ausleuchten und vorausleuchten, hinhören, einer bohrenden Frage nachgehen und ihr nicht ausweichen, bisweilen auch fragend Widerstand leisten. So kann guter Rat gehen. Er vollzieht sich auf Augenhöhe, nicht von oben herab. Im Hinhören und nicht im Raushalten. Ratgeber und Ratgeberinnen müssen bereit sein, sich auch »die Hände schmutzig zu machen«, weil sie das Wohl dessen im Blick haben, der Rat sucht.

Guter Rat verlangt nach Empathie und Compassion: sich solidarisch einzufühlen in die Lage des oder der Ratsuchenden, die Welt durch seine bzw. ihre Augen sehen.

»Wenn du im Zweifel bist, dann folge deinem Herzen.« So lautet ein alter Spruch, aus der Weisheit der Menschen geboren. Wer so redet weiß, jeder zweifelnde Mensch trägt die Lösung seiner Fragen und seines Zweifels in sich selbst. Ein Berater bzw. eine Beraterin ist wie eine gute Hebamme: Sie tut das ihre, aber nimmt dem Rat suchenden Menschen nichts ab. Sie weiß, dass der Weg zum Leben durch den Schmerz hindurchgeht und nicht an ihm vorbei. Auch durch den Schmerz des Zweifels hindurch.

Der Aachener Priester Wilhelm Bruners, der lange Jahre in Jerusalem gelebt hat, bringt dies so ins Wort:

Hätten sie ihn sofort erkannt
damals

als er sich einmischte in
ihre Klagelieder
in ihre ausgeglühten Gespräche

Hätten sie ihn sofort erkannt
als sie seine Stimme hörten:
nie wäre ihr Herz unruhig
geworden, nie hätte es gebrannt

Das wissende Hirn kennt nicht
die Nacht, das eingeschulterte
Suchen

Ich glaube an den Weg
die Nacktheit des Gehens
den aufgewirbelten Staub

Tiefer erfasst du
das Sterben, die Asche
lebendiger stehst du auf
aus dem Tod

In den Feuern der Zweifel
– du glaubst zu ersticken –
beginnt dein Herz zu brennen

Dann brechen dir ausgefaltete Hände
das hungerstillende Brot
dann weißt du:

Er lebt!

Anna Hennersperger

Zweifelnd

Zwei Männer lesen in einer Schriftrolle. Der eine ist als jüdischer Frommer erkennbar. Der andere, mit bloßem Haupt, könnte ein Glaubender des Neuen Bundes sein. Beide lesen in der Heiligen Schrift – und verstehen doch nicht. Rätsel und Zweifel sind ihnen gemeinsam. Ihr Blick weist irgendwie über das Geschriebene hinaus, durch das Geschriebene hindurch. So als könnten sie das, was sie suchen, nicht in dem finden, was sie vor sich haben: etwas, das ihre angsterfüllten Fragen beantwortet, das sie tröstet. Hinter ihnen erhebt sich ein Berg von erdrückender Massivität; auf dem Gipfel stehen Kreuze, Sinnbilder des unerklärlichen Leids. Eingezeichnet in dieses dunkle Massiv ist der Schatten eines Menschen, abgehoben von dem umgebenden Dunkel durch einen Lichtschein, der über den Horizont hinaus in die Nacht vordringt und den beginnenden Tag ahnen lässt. »Die Nacht ist vorgedrungen, der Tag hat sich genaht«, dichtet Jochen Klepper, der doch als Glaubender den Freitod eines Verzweifelten gewählt hat. Adventshoffnung der Menschen, die erdrückt werden kann von der Last der Geschichte, die sich hinter ihnen auftürmt. Es ist ein Emmausbild. Der Auferstandene ist bei den fragenden und um Erkenntnis ringenden Jüngern. Aber sie sehen ihn nicht. Er ist unter ihnen anwesend als Abwesender. Gott im Rücken – der als der Verborgene da ist und den Menschen den Weg in den Zweifel, in die Gottesferne nicht erspart. Und der doch immer auch der Gott-vor-uns ist: stets neu zu ergreifende Chance erlösten Lebens, das die Nacht aufbricht und das Gesicht zum Leuchten bringen kann. Der Zweifel verbindet Glaubende, aber auch die Hoffnung. »In jedem von uns steckt etwas von einem Heiden«, lese ich in einem Roman. »Keiner von uns weiß sehr viel – nur gerade genug, um in der Dunkelheit vertrauensvoll die Hand auszustrecken.«

Thomas Broch

Für Lebende und Tote beten

»Nachdem Jesus sich von ihnen (den vielen Menschen) verabschiedet hatte, ging er auf einen Berg, um zu beten« (Mk 6,46). Er betet, nachdem er das Wunder der Speisung der Viertausend vollbracht hatte. Er ist erschöpft, er lässt seine Jünger die Leute heimschicken. Es ist für heute genug. Der betende Jesus auf dem Berg Tabor, dem alten religiösen Ort der besonderen Nähe der Menschen zu ihrem Gott und ihren Göttern, bevor er wieder hinabsteigt, um Kranke zu heilen. Jesus in der Wüste, betend und fastend, um sich seines Auftrages und seiner Sendung bewusst zu bleiben. Jesus, der vor seinem Abschied seine Jünger und ihre Situation »ins Gebet« nimmt, vor Gott trägt, was ihm im Blick auf sie und ihren »Weltauftrag« am Herzen liegt. Jesus, bebend vor Angst angesichts seines gewaltsamen Todes, der seinen Vater anfleht, ihn davor zu verschonen. Und schließlich der sterbende Jesus, der um Vergebung für die bittet, die ihn in den Tod gebracht haben.

Der barmherzige Jesus ist der betende Jesus und seine barmherzige Liebe kommt aus der Kraft seines vertrauenden Gebetes. Er taucht ein in seinen Ursprung, aus dem er hervorging, um dort Leben spendend aufzutauchen, wo das Leben der Menschen gefährdet, bedroht oder vom Tod besiegt war wie bei seinem Freund Lazarus.

Barmherzigkeit meint mitleidende Betroffenheit gegenüber aller Gebrechlichkeit und Not, gegenüber allem, was Menschen bewegt und erschüttert, was in ihrem Leben vorkommt an Freude und Angst, Trauer und Hoffnung und das mitleidend von denen geteilt wird, die als Mit-Menschen ihnen verbunden sind (Vat. II, Gaudium et spes). Das Leben Jesu zeigt, dass seine Spiritualität des Erbarmens eine »Spiritualität der offenen Augen und Ohren«[1] ist. Er schöpft seine Kraft aus dem Erbarmen Gottes, von dem es heißt: »Gesehen, ja gesehen habe ich das Elend meines Volkes in Ägypten, gehört, ja gehört habe ich die laute Klage über ihre Antreiber. Ich kenne ihr Leid« (Ex 3,7). All das, was er an Elend und Leiden sieht und hört, trägt der Menschensohn dorthin, von wo er selbst kommt, zu seinem und aller Menschen und Welt Vater, weil er bleibend der Gott-mit-uns ist. Er trägt es aber auch dorthin, weil er weiß und glaubt, dass es dorthin gehört, vor den und zu dem, der Ursprung und Ziel allen Lebens, aller Freude, allen Leides und allen Todes ist. Jesus, der sich zu den und vor die Menschen stellt, die keinen Menschen haben, stellt sich stellvertretend vor seinen und ihren Gott und hält so lebendig, was unaufgebbar zusammengehört: Gott und Mensch, Himmel und Erde. Jesus nimmt in sein Gebet hinein das ausgesprochene und unausgesprochene, das sagbare und unsagbare Schicksal der Menschen, das immer schon eingebunden ist in die liebende Beziehung Gottes zu den Menschen. Dieses Vorsprechen bei Gott kann Ausdruck des Dankes und der Hoffnung, Schrei der Klage und tiefer Angst sein. Jesus gibt dafür ein gutes Beispiel in seinem Beten.

Im Gebet spricht das Herz, es werden nicht die Unterschiede betont, sondern das, was verbindet: Menschsein aus und vor Gott. Für Lebende und Verstorbene beten ist deshalb gelebter Ausdruck der Barmherzigkeit. Sie sind mein »Herzensanliegen«, das ich Gott vortrage, gerade auch dort, »wo nichts mehr hilft als nur noch beten«.

»Die Sprache tastet wie die Liebe im Dunkel der Welt einem verlorenen Urbild nach« (Karl Kraus). Betend will der Mensch zum Ursprünglichen kommen in der Hoffnung und Zuversicht, dass nichts herausfallen kann aus dieser Ur-Beziehung des Menschen zu seinem Gott, selbst wenn alle erlebte und erlittene Erfahrung dagegen zu sprechen scheint.

Beten für Lebende und Verstorbene ist ein vielleicht schweigendes und stammelndes oder ein freudiges und jubelndes Nachsprechen des immer schon von Gott her über und zum Menschen gesprochenen Wortes: »Ich habe dich bei deinem Namen gerufen. Mein bist du« (Jes 43,1).

Für Lebende und Tote beten sagt: Die anderen, mögen sie leben oder schon gestorben sein, sind ein Stück meines Lebens, meiner Lebenswelt und wir bleiben einander ewig verbunden über die Brücke, die der lebendige Gott ist, der ein Gott der Lebenden und der Toten ist. Füreinander beten kann tiefer Ausdruck geschwisterlicher Solidarität sein, kann Beziehungen und das füreinander Eintreten bestärken, Privatisierung und Isolation auflösen und neue Kräfte freisetzen. Wer betet, vergewissert sich der erbarmenden Liebe Gottes und tritt aus dieser Vergewisserung ein in die Praxis des Erbarmens, die immer auch gesellschaftliche und politische Dimensionen hat. »Der Weg zum Erbarmen führt daher zunächst in die Tiefe Gottes. Er ist der Weg der Mystik. Ihr Ziel ist Einswerden mit Gott selbst. Und wem das geschenkt ist, der kann dann gar nicht mehr anders, denn in Gottes Art zu fühlen, zu denken, zu urteilen, zu handeln.«[2] Barmherzigkeit will sich in »Werken« zeigen. Das Beten für Lebende und Verstorbene zeigt die Richtung solchen die Solidarität stärkenden Tuns an. Sie ist kein von oben herab dem anderen zugedachtes Entgegenkommen. Vielmehr schlägt das Herz für den anderen, schließt Gräben und überwindet Distanz. Dies gilt gerade auch für die extremen Situationen menschlichen Lebens und Leidens, die uns in die Zonen der Entfremdung und des Todes mit all ihren Vorboten wie Feindschaft, Hass, Terror und Krieg führen. Diese tiefen Erschütterungen der menschlichen Seele und im menschlichen Miteinander, besonders in den abgeschnittenen Lebensfäden zwischen Lebenden und Toten, sind in der Auferstehung Jesu überwunden. Der Auferstandene haucht den verängstigten Jüngern segnend neuen Lebensgeist ein, dem sie vertrauen und sich anvertrauen dürfen. In betender Gemeinschaft kommunizieren sie mit dem lebendigen Herrn, was sie bedroht und bedrängt, was ihnen Hoffnung und Zuversicht gibt. Sie werden in dieser Kommunion, in der sie sich mit den Lebenden und den Verstorbenen verbunden wissen, in Christi Leib hineinverwandelt. Und dieser Verwandlung gilt die Zusage, dass die Glaubenden nichts trennen kann von der Liebe und dem Erbarmen ihres Christus, weder Tod noch irgendein Ereignis menschlichen Lebens in Gegenwart und Zukunft. Es entsteht ein neues Miteinander, das den anderen zum Mitmenschen, zum Bruder und zur Schwester macht, eine neue mit-menschliche Haltung, die dem anderen seine Würde gibt und lässt aus der Gewissheit, dass Gottes Lebens-Zuneigung zu den Menschen allem immer schon vorgängig ist. Ein betendes »Werk der Barmherzigkeit« ist deshalb kein Zeichen der Schwäche und der Hilflosigkeit, sondern »eine Tugend: also eine Tauglichkeit, eine Kompetenz, eine Stärke. Tugenden aber gilt es zu erwerben und zu üben, bis sie zu einer Haltung, zu einer Art zweiten Natur geworden sind«[3]. Das gilt besonders auch für das Gebet für die Lebenden und die Verstorbenen. Es beginnt mit dem Hinhören und Zuhören mit einem offenen Herzen, das sich Gott und denen zuwendet, die »ins Gebet genommen werden«. Und es führt zum beherzten Eintreten für die, denen Jesus sich in aller Öffentlichkeit erbarmend zugewendet hat, damit sie das Leben finden.

»Das Erbarmen – kann es den Sinn haben, unser Urteil aufzulösen? Oder hat es nicht eher den Sinn, dass das Erbarmen uns über das Urteil, ohne es aufzulösen, hinausführt zum zweiten Teil der Aufgabe: zum Handeln? Und wie sollte ein Handeln, das nicht aus einem Urteil kommt, jemals eine wirkliche Hilfe sein? Hilfe bedeutet Veränderung im Sinne der Erkenntnis; beides im Maße unseres Vermögens« (Max Frisch 1946)[4]. Beten für Lebende und Verstorbene in der Spur der Barmherzigkeit Jesu bekennt sich angesichts allen menschlichen Vermögens und Unvermögens, angesichts aller Forderungen und Überforderungen nach Veränderung, die das Leben, der Tod und die Toten uns abverlangen, zu dem Gott, zu dem der Psalmist betet:

»So wie sich erbarmt ein Vater über Kinder, erbarmt sich Jahwe über alle, die ihn fürchten« (Ps 103,13).

Wolfgang Tripp

1 Paul M. Zulehner, Gott ist größer als unser Herz. Eine Pastoral des Erbarmens, Ostfildern 2006.

2 Zulehner, a. a. O.

3 Ebda.

4 Zitiert nach: Zulehner, Gott ist größer als unser Herz, 9.

Betrübte trösten

Es gibt Ereignisse im Leben eines Menschen, die ihn untröstlich sein lassen. Der Tod einer geliebten Person beispielsweise kann Menschen lähmen und in ihnen eine große Leere und Sinnlosigkeit eröffnen. Sie wünschen sich Trost und Beistand durch andere. Seelische Stärkung in einer akuten oder andauernden Notsituation zu suchen, gehört ebenso zum Menschsein, wie das innere Bedürfnis zu entwickeln, diese Stärkung anderen nicht schuldig bleiben zu wollen. Jeder wird folglich ein Leben lang und immer wieder neu lernen müssen, andere zu trösten, aber auch sich von diesen trösten zu lassen. Für Christen und ihre Kirchen wird es zur existentiellen und organisationalen Herausforderung, das Trostpotential ihres Glaubens authentisch zu erschließen und zu bezeugen.

Dies gilt umso mehr, als mit den Worten »Trost« und »trösten« vor allem außerhalb kirchlich-religiöser Sprachwelten eher etwas Defizitäres verbunden wird. Menschen in einer Phase aufgebrochener Schwäche und Ohnmacht irritieren in einer erfolgsorientierten Welt und finden zumindest in öffentlichen Räumen wenig Beachtung für ihren Kummer und ihre Trostbedürftigkeit. Wenn sie beharrlich trauern und in ihrer Untröstlichkeit verharren, drohen sie sogar aus den Regelkreisen eines von Funktionalität und Rationalität bestimmten Lebens herauszufallen. Sicherlich mangelt es nicht an flüchtigen Vertröstungen aller Art, um dem »unpassenden Gefühl« der Trostlosigkeit oder Trauer zu entkommen. Doch führt eine Verdrängung der Trostbedürftigkeit oft erst richtig in Erstarrung, Isolation und Ohnmacht – und zwar nicht nur bei den Betroffenen, sondern auch bei denen, die einer Begegnung mit diesem Teil des Lebens aus dem Weg gehen möchten.

Der Alltag einer Risikogesellschaft braucht mehr denn je ein ausreichendes Trostpotential, denn ohne dieses können die in ihr aufbrechenden schicksalhaften und auch gesellschaftlich verursachten menschlichen Wunden keine Heilung erfahren. Heilung (und damit auch Trost) muss aber möglich sein, um dem Glauben an das lebensbewältigende Potential in einer Gesellschaft Raum und Gestalt zu geben. Dass diesem auch die Christen und ihre Kirchen dienen wollen, ist ihr ureigenes Selbstverständnis. Dabei haftet gerade einer christlichen Rede vom Trost und einer kirchlichen Praxis des Tröstens bis in die Gegenwart hinein der religionskritische Verdacht einer Vertröstung des Menschen (auf ein Jenseits hin) an. Die Humanwissenschaften haben die Gefahr einer Religion ausreichend analysiert, in der die Trostmomente zuungunsten ihrer menschen- und situationskritischen Anteile Überhand nehmen. Beides im Blick zu haben wird bis heute zur Kunst, auch und gerade für die zahlreichen Diakonieeinrichtungen. Sie sind herausgefordert, eben nicht nur »Trostpflaster« für einzelne Menschen und Gruppierungen in der Bewältigung womöglich gesellschaftlich bedingter Kontingenzen zu sein, sondern eben auch, im Sinne ihrer prophetischen Traditionen, an strukturellen Veränderungen zu deren Verhinderung aktiv mitzuwirken.

Trösten und beistehen in Wort und Tat und im Hier und Jetzt bilden so eine notwendige Einheit, nicht nur um der allzu menschlichen Gefahr einer Vertröstung auf ein unkonkretes Später zu entgehen, sondern auch, um die Relevanz des christlichen Glaubens im Alltag einer Risikogesellschaft glaubwürdig zu bezeugen. Gerade das biblische Verständnis von Trost und Trösten ist diesbezüglich kritisches Korrektiv, denn es verbindet den zugesprochenen Trost in der Situation mit dem Beistand in Wort und Tat und mit der Mithilfe an der Überwindung der erlebten Situation. Gerade Jesus verkörpert und konkretisiert in den Evangelien die Einheit von Trost und Beistand im Hier und Jetzt. Sein programmatisches Credo (»Selig die Trauernden, denn sie werden getröstet werden« Mt 5,4) ist unmittelbar zurückgebunden an seine Praxis, bei der Überwindung und Heilung von Trostlosigkeit und Notsituationen »aller, denen es schlecht ging« (Mt 4,24), aktiv mitzuwirken.

Die Eindeutigkeit Jesu, eine verbale Tröstung an ein reales Hilfehandeln zu koppeln und so zum Nächsten des Trostsuchenden zu werden, bildet sich ebenso in der biblischen Sprache ab. Denn in der Sprachwelt des Alten und Neuen Testamentes spiegelt sich im Verständnis von »trösten« eine damit gemeinte intersubjektive Begegnung wider, die eine Gemeinschaft stiftet, in der einer für den anderen da ist. Gerade das weite Bedeutungsspektrum des neutestamentlichen Begriffs »parakalein« (von »zu Hilfe rufen« bis zu »trösten, stärken«) verweist auf die beiden Subjekte einer sich wechselseitig bedingenden Beziehung: auf den, der jemanden zu Hilfe ruft, weil er Trost sucht, und den, der um des anderen willen, mit guten Worten und Taten stärkt und ermutigt. Eine Beziehung und Gemeinschaft kommt in den Blick, in der einem Beistand begegnet bzw. er diesen erhält und ein anderer diesen Beistand (Paraklet) selbst gibt bzw. dieser selbst ist.

Der bleibende Beistand des Auferstandenen für die Menschen in seiner Nachfolge ist der Heilige Geist, der Tröster schlechthin (vgl. Joh 14,16). Getröstet zu werden ist folglich Erfahrung des Geistes und trösten zu können eine seiner Gaben. Wie der Gottessohn sich in das Leben und Leiden der Menschen verstrickte und diesen dadurch beistand, dass er sich selbst in die Trostlosigkeiten und Notsituationen der Menschen hineinbegab und darin mitlitt und mitging, so bleibt sein Geist als Tröster bis heute Kraft und Quelle für die, die Trost suchen, und für die, die (in seiner Nachfolge) Beistand für andere sind und werden. Dadurch, dass es diese Gemeinschaft im Trösten bis heute gibt, erhält die zukünftige Verheißung eines endgültigen Trostes auch Glaubwürdigkeit im Hier und Jetzt.

Den Grund ihrer Hoffnung und ihres Trostes beschreibt die Pionierin der Hospizbewegung, Cicely Saunders (1918–2005), im Glauben an jenen Gott, »der durch die Pforte des Todes geht und dann zurückkehrt, um sie für uns zu öffnen«. In der Arbeit mit Sterbenden, aber vor allem auch mit den von ihrem Tod Betrübten, sei es gerade dieser Glaube an den Gott, der in Jesus Christus das Verlorensein des Menschen erlitten und den Schmerz und die Trauer all seiner Kinder geteilt habe, der ihr ausschlaggebende seelische Stärkung für die Arbeit sei. Darin spiegelt sich exemplarisch das große Trostpotential der christlichen Diakonie-Traditionen wider, deren zahlreichen Werke der Barmherzigkeit sich der Gabe und der Inspiration des Geistes Gottes verdanken und deren Pioniere bezeugen, dass der, der sich von Gott getröstet und darin unbedingt geliebt weiß, ebenso andere zu trösten vermag. Es gilt das Wort der Schrift: »Jesus Christus aber, unser Herr, und Gott, unser Vater, der uns seine Liebe zugewandt und uns in seiner Gnade ewigen Trost und sichere Hoffnung geschenkt hat, tröste euch und gebe euch Kraft zu jedem guten Werk und Wort« (2 Thess 2,16–17).

Es ist gerade die Diakonie-Tradition, die bis in die Gegenwart die Einheit von Trost und (personalem und institutionellem) Beistand versinnbildlicht. Franziska Schervier, von den Aachenern zu ihrer Zeit (1819–1876) liebevoll »Mutter der Armen« genannt, konnte die Einheit von Trost und Beistand und damit auch die der leiblichen und geistlichen

Werke nie trennen. In ihrem Engagement für Wohnungen für Arbeiterfamilien, für Suppenküchen und Pflegestationen für Cholera- und Pockenkranke suchte sie, der materiellen Not zu begegnen, aber darin zugleich auch seelischen Beistand zu leisten. Ihr programmatisches Motto, »Wunden heilen und Seelen retten zu wollen«, wurde ein bahnbrechendes Motiv der Werke der Barmherzigkeit moderner Caritasarbeit. Ihr Lieblingsgebet prägt bis heute deren diakonische Spiritualität: »Komm, Tröster, der die Herzen lenkt, du Beistand, den der Vater schenkt; aus dir strömt Leben, Licht und Glut, du gibst uns Schwachen Kraft und Mut.«

In diesem Sinne zu trösten, ist bis heute ein Qualitätsmerkmal und Lebensbewältigungspotential einer im Hier und Jetzt verankerten christlichen und kirchlichen Praxis. Eine Pastoral des tröstenden Beistandes verwirklicht sich dabei nicht nur in den Hilfeformen organisierter Diakonie, sondern ebenso in der wegweisenden Verkündigung der Botschaft, in der Authentizität von christlichen Gemeinschaften und in der Liturgie und den heilsamen Riten der Kirchen. In einer Gesellschaft, die des Trostpotentials der Kirchen um der Menschen willen bedarf, ist eine trostreiche Kirche Weg und Mittel gerade für »physisch, psychisch, sozial, wirtschaftlich, sittlich oder sonst wie kranken Menschen«, so die Vision Alfred Delps (1907–1945), und damit ein Ort in der Welt, der sich »von den Zeichen der Zeit her, von den Nöten der Menschen und der Menschheit, vom Schmerz der seufzenden Kreatur« her zu verstehen versucht. Eine trostreiche und Menschen tröstende Kirche ist und bleibt eine zukunftsweisende Vision!

Rainer Krockauer

Betrübt

zwischen Himmel und Erde
zwischen Gestern und Heute
zwischen Tag und Nacht
wurden sie zusammengeschoben
im Sammellager des Schmerzes
Schattenformationen der Tränen

Kinder, Kinder, eure trüben Herzen ein Seelenwimmern
von Tritten und Schlägen
Krankheit und Schmerz
Lieblosigkeit und Krieg

verschwiegene Zukunft
hättet ihr Stimmen, ihr würdet für Tausende
tausendfach klagen

und so klemmt eure Zettel
in die Kammern und Ritzen
in die Falten und Fugen

der Barmherzigkeit

Rahels Wandelhalle des Glaubens
Rahels Wendezeit der Hoffnung
Rahels Wunderwerk der Liebe

Unter dem Deckmantel der Mutterschaft dann
blickt ihr Herz auf die Antwort
und mit ihr und durch sie
öffnen die Betrübten, öffnen die Beherzten
ihre Hände
und erwarten Dein Geschenk

Iris Horstmann

SK

Schuldig

Das kennen wir. Da sieht jemand nur seinen Vorteil. Er nimmt, was ihm zusteht, und lebt sich aus. Er sucht Vergnügen und Glück – genießt und überzieht seine Möglichkeit. Daneben der Zweite: ordentlich, verantwortungsbewusst, sich hineingebend in das Geschäft des Vaters, die eigenen Wünsche unterdrückend.

Lukas erzählt das Gleichnis vom »verlorenen Sohn«. Beide Söhne sind »verloren«. Der eine hat diese Situation hinter sich, er ist heimgekehrt. Er steht für seine Schuld ein, er wagt das Leben nochmals neu zu beginnen. Der andere kommt durch die Heimkehr des Bruders in eine Schuld. Er schaut neidisch der Versöhnungsszene zu. Die Mauer zwischen ihm und seinem Vater ist Symbol dafür, wie sehr er sich verstrickt in seine Wertvorstellung, in Belohnung und Anerkennung. Schuldig, ohne sich etwas zuschulden kommen zu lassen.

Und dazwischen der Vater. Die beiden Söhne sind seine Liebe. Vom Jüngsten verschmäht, vom Ältesten auf Belohnung festgelegt. Der Vater hat für beide ein Herz. Seine Barmherzigkeit besteht aus Warten und Entgegenkommen, aus Verstehenwollen und Einladung. Beide Schuldige brauchen die offene Tür, auch wenn sie selbst sich diesen Zugang verweigern. Die Schuldiggewordenen treffen im barmherzigen Vater auf ihre tiefe Sehnsucht nach Angenommensein. Es geht nicht um Abrechnung oder Wiedergutmachen. Was zählt, ist das Erbarmen. Der Vater gibt dieser Grundhaltung einen Ausdruck: im Wort, in der Geste, in den Formen eines geschenkten Neuanfangs.

»Und vergib uns unsere Schuld, wie auch wir vergeben unseren Schuldigern« – diese Bitte des Vaterunsers bringt zum Ausdruck, wie sehr wir auf Barmherzigkeit angewiesen sind, von Gott und den Menschen, und wie wohltuend es sein kann, wenn wir selbst dieses Erbarmen für andere empfinden und leben.

Sr. M. Paulin Link

Sünder zurechtweisen

Würde man den Werken der Barmherzigkeit, wie sie die spirituelle Tradition kennt, mit modernen Marketingmethoden einen Imagewert zuordnen, käme »Sünder zurechtweisen« wahrscheinlich auf einen hinteren Rang. Nicht wenige Menschen denken dabei zuallererst an moralische Belehrungen mit erhobenem Zeigefinger, die darauf abzielen, ein schlechtes Gewissen zu machen und das Leben zu vergällen. Und tragischerweise hat so mancher Christ die Kirche und ihr Evangelium vor allem in eben dieser Weise erfahren, als Moralpredigt, die immer wieder die Sündhaftigkeit der Welt und der eigenen Person vor Augen stellt.

Damit verbunden hat die religiöse Pädagogik nicht selten ein Sündenverständnis, das die Sünde vor allem in einer bestimmten – bösen – Tat sieht, die ein Mensch ausführt (»am 16. April um 15.30 Uhr habe ich eine Sünde begangen«) und die dann auf so etwas wie ein persönliches »Sündenkonto« gebucht wird. Gott nimmt dabei die Rolle des endzeitlichen Wirtschaftsprüfers ein, der im Gericht die Sünden mit den guten Taten verrechnet. Entscheidend ist, dass die Bilanz nicht zu negativ wird, die Anzahl der Sünden also nicht zu sehr überwiegt, sonst, ja sonst ...

Der Sinn des »Sünder zurechtweisen« wurde entsprechend vor allem in seiner Schutz- und Wächterfunktion gesehen. Man wollte Menschen davor bewahren, (weitere) Sünden zu begehen, damit die Seele nicht zu sehr »befleckt« würde. Was es zu sichern galt, war die »weiße Weste«, die innere Reinheit. Diese erschien als das entscheidende Gut, das ständig durch das Übel der Sünde bedroht war.

Nun wird sicherlich niemand den Wert eines tugendhaften Lebens bestreiten. Und Menschen davor zu behüten, Schuld auf sich zu laden, ist ohne Zweifel ein wichtiger

Dienst. Aber ich meine, »Sünder zurechtweisen« als Werk der Barmherzigkeit hat doch noch eine ganz andere Dimension. Sünde ist in der Tiefe des christlichen Verständnisses nicht einfach eine in sich stehende Missetat. Und das Gegenteil der Sünde ist für das Christentum auch nicht eigentlich die Reinheit, sondern die Liebe.

»Meister, welches Gebot im Gesetz ist das wichtigste? Jesus antwortete ihm: Du sollst den Herrn deinen Gott lieben, mit ganzem Herzen, mit ganzer Seele und mit all deinen Gedanken. Das ist das wichtigste und erste Gebot. Ebenso wichtig ist das zweite: Du sollst deinen Nächsten lieben wie dich selbst. An diesen beiden Geboten hängt das ganze Gesetz und die Propheten« (Mt 22,36–40). Was Jesus an dieser zentralen Stelle seiner Verkündigung in den Blick stellt, ist der Mensch als Beziehungswesen. Menschsein vollzieht sich nicht in der Weise, dass ich unablässig gute oder schlechte Taten aneinanderreihe. Entscheidend ist, dass ich als Mensch dabei in Beziehung stehe: zu Gott, zu anderen Menschen und zu mir selbst. In all dem, was ich tue, gestalte ich diese Beziehungen mit. Ziel, Aufgabe, Berufung ist es, dass diese Beziehungen liebevolle Beziehungen werden, dass die Liebe darin konkret und lebendig wird.

Sünde ist im Kern das genaue Gegenteil. Das Wort »Sünde« hängt im Deutschen mit dem Begriff »ab-sondern« zusammen. Sünde ist ein Zustand, der oft das Ergebnis einer langen Entwicklung ist. Es ist der Zustand, dass eine Beziehung, die eigentlich eine Liebesbeziehung sein sollte, durch mich beschädigt oder vollends zerstört ist. Sünde ist ein Zustand der Lieblosigkeit, der Beziehungsstörung, der inneren Isolation.

Die theologische Tradition hat als Beschreibung jenes Zustands den Ausdruck »incurvatio in seipsum« – Hineinkrümmung in sich selbst – geprägt. Er zielt auf das existentielle Grundgefühl, dass ein Mensch von sich selbst nicht mehr loskommt. Dass sein Blick derart auf sich gerichtet ist, dass anderes und andere nicht mehr wirklich vorkommen. Es ist weniger ein Ausdruck moralischer Schuldzuweisung als vielmehr Ausdruck einer tiefen seelischen Not. Es gibt viele menschliche Phänomene, denen diese Existenzerfahrung zugrunde liegt. Ein Beispiel dafür ist die Sucht. Das Wesen einer Sucht besteht darin, dass etwas im Menschen derart an Macht gewinnt, dass es zum Zentrum des Lebens wird. Der süchtige Mensch ist dann nicht mehr in der Lage, sich als Ganzer anderem wirklich zuzuwenden. Er ist nicht mehr in der Lage, die Freiheit, die Gott ihm als sein Ebenbild zugedacht hat, zu nutzen, um personale Beziehungen zu gestalten. Er kann sich von sich selbst, von einem Teil seiner selbst, nicht mehr lösen. Auch die Annahme seiner selbst gelingt dann nicht mehr, da Selbstannahme ein ganzheitliches Geschehen ist. Dadurch, dass ein Teil des Menschen derart an Macht gewinnt, dass er alles andere zurückdrängt, wird der Mensch in sich selbst gespalten.

Spätestens hier wird deutlich, dass »Sünder zurechtweisen« als Werk der Barmherzigkeit mehr sein muss als ein moralisches Warnschild. Es geht um Hilfe zur »Umkehr«, das aber heißt: Umkehrung der Existenzrichtung. Es geht um Unterstützung und Begleitung bei einem inneren Prozess. Weil dieser Prozess, der aus dem Zustand der Sünde herausführt, mit dem Lösen von Verkrümmungen und Verkrampfungen zu tun hat, wird er »Erlösung« genannt. Es ist ein Vorgang, der auf das Lösen von Fesseln zielt, die einem Menschen die Freiheit nehmen, ein personales Beziehungsleben – ein Leben in Liebe – zu leben. »Sünder zurechtweisen« ist in der Tiefe nicht Warnung vor Gottes Strafe, sondern Mitarbeit an seiner Erlösung.

Wie aber geschieht dies? Worauf kommt es an? Es wird zunächst und zuerst darum gehen, die seelische Not eines »Sünders« wirklich als Not wahrzunehmen. Es gibt keinen Menschen, der keine Liebe braucht, der isoliert von Gott, vom Mitmensch und von seinem eigenen Selbst als heiles Wesen existieren kann. Der sorgende Blick, der den »Sünder« als Mensch in Not ansieht, verbietet es, ihn moralisch abzuqualifizieren. Die Begegnung Jesu mit der Ehebrecherin (Joh 8,3–11) setzt hier das bleibende Maß: »Frau, wo sind sie? Keiner hat dich abgeurteilt?« Sie sagte: »Keiner, Herr.« Und Jesus sagte: »Auch ich verurteile dich nicht. Geh! Und von jetzt an sündige nicht mehr!« Jesus begegnet der Frau von vorneherein und trotz allem immer auf Augenhöhe. Er zeigt damit an, dass eine Person durch nichts, was sie tut und was aus ihr wird, ihre Würde verliert. »Sünder zurechtweisen« geht nur auf Augenhöhe, nicht von oben herab. Vielleicht sind Menschen, die in sich und in ihrem Leben die »Sünde« kennen, manchmal die besseren Wegweiser. Sie wissen, wie es sich anfühlt, wenn die Lieblosigkeit und die innere Ödnis Einzug halten, wenn sich das Leben verkrümmt und verstrickt. Das kann für dieses Werk der Barmherzigkeit ein wertvolles Charisma sein, das Menschen hilft, ihr Leben so anzusehen, wie es ist, ohne an der Scham zu zerbrechen.

Ein Zweites wird wichtig sein. Das Leben Jesu zeigt an zahlreichen Beispielen, wie er auf Menschen, die »Sünder« genannt werden und sich wohl auch so fühlen, zugeht, um sie auf den Weg der Umkehr zu führen. Nicht durch mahnende Worte – Erlösung ist keine Frage der kognitiven Einsicht –, sondern durch das immer neue Angebot: Ich hole dich ab, dort, wohin du geraten bist, und gehe mit dir. »Sünder zurechtweisen« ist selbst eine Form der Beziehung. Es geht nicht um einen Hinweis im Vorbeigehen, um einen

Ratschlag hier oder dort. Es geht um personale Begleitung auf dem Lebensweg.

Ein Drittes schließlich, als Entlastung: Bei aller menschlichen Anstrengung ist Erlösung doch etwas, was von außen in die seelische Verkrümmung hineinwirkt. Sie wird dem sündigen Menschen geschenkt durch eine Macht, die stärker ist als seine eigenen, zerstörerischen Kräfte. Die Christen sind der Überzeugung, dass dies letztlich nur durch Gott selbst geschehen kann. Dadurch, dass Gott selbst in diese verkrümmte Menschennatur hineingeht – dass »das Wort Fleisch wird« (Joh 1,14) –, geschieht Erlösung. Und deshalb nennen die Christen den Mensch gewordenen Gott – Jesus Christus – den Erlöser. »Sünder zurechtweisen« bedeutet am Ende wohl auch dies: hinzuweisen auf das, was Gott bewirkt, Hoffnung zu machen auf seine erlösende Kraft. Und vielleicht auch mit und für jemand zu beten; darum, dass der Heilige Geist in das Leben des Sünders komme, um, wie es in der Pfingstsequenz heißt, »in ihm das Feuer seiner Liebe zu entzünden«.

Joachim Reber

Unrecht mit Geduld ertragen

»Dass der vom Apartheidsregime als Terrorist verschriene Häftling nach 27 Jahren aus dem Kerker stieg, um mit seinen Peinigern ohne Verbitterung eine friedliche Zukunft auszuhandeln, brachte 1990 das neue Südafrika überhaupt erst hervor und machte Mandela zu einem säkularen Heiligen.«[1]

Was Nelson Mandela so beispielhaft vollbrachte und was ihn zu einem Idol und Vorbild, einem Hoffnungsträger werden ließ, ist christlich gesprochen in dem geistlichen Werk der Barmherzigkeit »Unrecht mit Geduld ertragen« Grund gelegt. Nelson Mandela kann damit zu Recht ein säkularer Heiliger genannt werden. Er ist als Nichtchrist ein Verkünder christlicher Botschaft und dies in einem ihrer zentralen Inhalte: Im aktiven Erleiden von Unrecht steckt erlösende und verändernde Kraft, die Neues schaffen kann.

Jesu »passive Aktion und aktive Passion«[2]

In der biblischen Szenerie der Passionsgeschichte findet sich ein anschauliches Beispiel Jesu für dieses geistliche Werk der Barmherzigkeit. In Johannes 18,19–23 heißt es:

»Der Hohepriester befragte Jesus über seine Jünger und über seine Lehre. Jesus antwortete ihm: Ich habe offen vor aller Welt gesprochen. Ich habe immer in der Synagoge und im Tempel gelehrt, wo alle Juden zusammenkommen. Nichts habe ich im Geheimen gesprochen. Warum fragst du mich? Frag doch die, die mich gehört haben, was ich zu ihnen gesagt habe; sie wissen, was ich geredet habe.

Auf diese Antwort hin schlug einer von den Knechten, der dabeistand, Jesus ins Gesicht und sagte: Redest du so mit dem Hohenpriester? Jesus entgegnete ihm: Wenn es nicht recht war, was ich gesagt habe, dann weise es nach;

wenn es aber recht war, warum schlägst du mich? Danach schickte ihn Hannas gefesselt zum Hohenpriester Kajaphas.«

Die Ohrfeige des Knechtes beantwortet Jesus nicht mit einem Akt der Gegengewalt oder mit einem beleidigten Wegschauen und Verstummen. Jesu Re-Aktion ist in aller Passivität höchst aktiv: Er erträgt duldsam diese Schmach und diese Demütigung des Geschlagenwerdens in aller Öffentlichkeit und er stellt den Knecht für diese Tätlichkeit zur Rede: »Warum schlägst du mich, wenn ich im Recht bin?« Jesus konfrontiert ihn mit seinem begangenen Unrecht und fordert ihn durch seine Frage nach dem »Warum?« heraus, Verantwortung für sein Handeln zu übernehmen. Eine Reaktion des Knechtes ist nicht überliefert und bleibt offen. Wichtig aber und kennzeichnend für das gewaltfreie Handeln Jesu ist und bleibt: Jesus erträgt das Unrecht der Gefangennahme und dieser Tätlichkeit des Knechtes geduldig, er macht das begangene Unrecht öffentlich, er bleibt bei der Wahrheit und fordert sein Gegenüber auf, ebenso wahrhaftig zu sein bzw. zu werden, was möglicherweise den Weg der Umkehr beinhaltet.

»Passive Aktion und aktive Passion« – damit kann Jesu Verhalten und Handeln in dieser Begegnung und in vielen anderen biblisch belegten Situationen umschrieben und verstanden werden. Unrecht mit Geduld zu ertragen – die geistliche Kraft, die dazu nötig ist, wird in Jesu paradoxem Lebensmodell deutlich. Mit Blick auf Jesus und seine Sendung wird klar: Die spirituelle Kraftquelle, aus der ein solches Handeln und Verhalten möglich ist, ist die maßlose und erbarmende Liebe Gottes selbst. Aus diesem liebenden Gehalten-Sein von Gott her kann Jesus dem Unrecht widerstehen, es aushalten, den unrecht handelnden Knecht als seinen Mitmenschen anschauen und ihn zu einem Leben in Recht und Wahrheit auffordern und einladen. Der springende Punkt in Jesu Botschaft ist: Im Glauben an Gott und im personalen Erleben des Gehaltenseins von Gott kann vieles Menschenunmögliche geschehen und Wirklichkeit werden, kann Veränderung vonstatten gehen und Neues entstehen.

Nelson Mandela in der Spur Jesu

27 Jahre Unrecht geduldig ertragen im Gefängnis von Robben Island in Südafrika – auf beeindruckende Weise gelingt es dem afrikanischen Befreiungskämpfer, diese Haftzeit nicht nur passiv zu überstehen, sondern aktiv zu gestalten. Er wird nicht müde, die Wahrheit, die ihm in seinem Leben und in der konkreten Situation seines Volkes aufgegangen ist, in prophetischem Geist zu verkünden und für sie einzustehen: Das Unrecht der Rassentrennung in Schwarze und Weiße in Südafrika ist unmenschlich und muss überwunden werden. Die menschliche Würde und die daraus resultierenden Menschenrechte begründen diese Wahrheit und sind für Mandela zur Kraftquelle und zum dauernden Antrieb seines Handelns geworden. Im Glauben an die Gleichheit aller Menschen, an die gleiche Würde, die allen Menschen innewohnt, hat Nelson Mandela die Kraft geschöpft für sein unbeirrbares und zugleich immer heiter und gelöst wirkendes Tun. Mandela hat die Not seiner Mitmenschen in seinem Volk gesehen, er ließ sich anrühren von dieser Not und suchte Wege und Mittel, diese Not aufzuheben, zu verwandeln und zu verändern. Für ihn war wichtig, der einmal erkannten Wahrheit zum Durchbruch zu verhelfen.

Das Unrecht der Rassentrennung, der ungleichen Behandlung von Menschen verschiedener Hautfarbe, dieses Unrecht hat Mandela ganz persönlich in seinem Leben erlitten und ausgehalten. Die spirituelle Haltung, mit der er widerstand, litt und zugleich kämpfte, bewirkte eine radikale

Umkehr vieler. Und sie bewirkte eine Wandlung des Unrechtssystems der Apartheid in Südafrika in ein menschenwürdigeres und demokratisches Staatssystem.

Nelson Mandela geht damit in der Spur des barmherzigen und wahrheitsliebenden Jesus. Das paradoxe Lebensmodell Jesu »Passive Aktion und aktive Passion« – das trifft auch für diesen Menschen Nelson Mandela zu. Und es trifft auf viele weitere bekannte und unbekannte Menschen zu, die in vergangener und in der gegenwärtigen Zeit in dieser Spur der barmherzigen Liebe des Gottes Jesu Christi wandelten und handelten.

Am Lebenswerk des Nelson Mandela scheint eine ganz wesentliche Seite der barmherzigen Liebe Gottes auf: Die Bereitschaft Mandelas, das Unrecht der Apartheid geduldig zu ertragen und zu erleiden, war kein Selbstzweck und nicht Ausdruck eines sinnlosen, aufopferungsvollen Aktes. Im leidenschaftlichen Glauben an die erkannte Wahrheit hat Mandela für Veränderung und Wandlung der Menschen und letztlich des politischen Systems gekämpft. Das geistliche Werk der Barmherzigkeit, Unrecht mit Geduld zu ertragen, entfaltet heilbringende Kraft, wenn ein Sinn in ihm wohnt, der zu Veränderung und Transformation führen kann und will.

Unrecht mit Geduld zu ertragen – in den Lebensbeispielen des Jesus von Nazaret und des Nelson Mandela mutet uns Gottes barmherzige Liebe zu: Geh hin und handele genauso (Lk 10,37). Das folgende Glaubensbekenntnis will beim Nachfolgen in der Spur Jesu Christi Begleitung und Ermutigung sein:

Ich glaube nicht an das Recht des Stärkeren,
an die Sprache der Waffen, an die Macht der Mächtigen.
Doch ich will glauben an das Recht des Menschen,

an die offene Hand,
an die Gewaltlosigkeit.
Ich will nicht glauben an Rasse oder Reichtum,
an Vorrecht und Privilegien,
an feststehende Ordnungen.
Doch ich will glauben,
dass alle Menschen wirklich Menschen sind
und dass die Ordnung des Unrechts
wirklich Unordnung ist.
Ich glaube nicht, dass ich Unterdrückung bekämpfen kann,
wenn ich irgendein Unrecht bestehen lasse.
Doch ich will glauben, dass das Recht ungeteilt ist,
hier und dort,
und dass ich nicht frei bin,
solange noch irgendein Mensch Sklave ist.
Ich glaube nicht, dass Liebe Selbstbetrug,
Freundschaft unzuverlässig und alle Worte Lügen sind.
Doch ich will glauben an die Liebe, die erträgt,
an die Offenheit und das Vertrauen zueinander
und an ein Wort, das wirklich sagt, was es sagt.

Hildegard Goss-Mayr

Franz-Josef Scholz

1 Johannes Dieterich, Stuttgarter Zeitung, 15.07.2008.

2 Bernhard von Clairvaux, in: Bernhardin Schellenberger, Auf den Wegen der Sehnsucht, Freiburg 2004, 162.

Ungerecht

Sie haben es geschafft und ihm ein für allemal das Hand-werk gelegt. Sie haben seine Hände gefesselt, weil sein Handeln anstößig für sie war. Sein heilendes und segnendes Berühren »im Namen Gottes« soll ein Ende haben. Dem, der für sich beanspruchte, Gottes Erbarmen und Barmherzigkeit zu leben, haben sie die Möglichkeit genommen, versöhnend denen die Hand zu reichen, die leidend und gestrauchelt am Rande sind. Gerade ihnen schlägt sein Herz. Sie zeigen aller Öffentlichkeit, dass man diesem schuldig Gewordenen nicht trauen, ihm nicht ins Gesicht schauen kann. Sie sprechen ihr unbarmherziges Urteil, das Gesetz fest im Arm. Sie waschen die Hände in Unschuld, weil sie Rechtsprechung ohne Barmherzigkeit ausüben. Gerechtigkeit aber, das hatte der Verurteilte gezeigt, verwirklicht sich erst in Barmherzigkeit. Gott, das hat der jetzt zum Schweigen Gebrachte gezeigt, ist der gerechte, weil barmherzige Vater. Seine Barmherzigkeit manifestiert seine Gerechtigkeit. Deshalb zeigt sich der Menschensohn dann auch endgültig mit offenem Herzen und weit ausgespannten Armen als der, dessen letzter Herzschlag verzeihend allen gilt.

In einer Bilderzählung aus dem babylonischen Talmud heißt es: »Zwölf Stunden hat der Tag. In den ersten drei sitzt der Heilige Gottes und befasst sich mit der Tora. In den nächsten drei sitzt er und richtet die ganze Welt. Sobald er sieht, dass die Welt sich der Vernichtung schuldig macht, erhebt er sich vom Throne des Rechts und setzt sich auf den Thron der Gerechtigkeit.« Weltliches und kirchliches Gesetz und Recht müssen ihre Plätze immer wieder tauschen mit dem Platz, auf den sich der Gerechte Gottes gesetzt hat: den Platz des Erbarmens und der Barmherzigkeit, damit Welt und Mensch nicht herzlos werden.

Wolfgang Tripp

Denen, die uns beleidigen, gern verzeihen

Dieses geistige Werk der Barmherzigkeit zielt auf das reaktive und interaktive Verhalten. Ein wichtiger Kontext von Verzeihen ist der Kontext Schuld. Schuld und Verzeihen gehören zusammen. Verzeihen hat mit Schuld und Schuldigwerden zu tun. Nur wo Schuld ist, ist auch Verzeihen gefragt oder geboten. Das Bewusstsein von Schuld ist zurückgegangen. Schuld und gar Sünde sind fast seltene Fremdwörter geworden. Die modernen Wissenschaften haben entdeckt, dass unser Denken, Fühlen und Handeln durch abertausend äußere Umstände der Herkunft und Veranlagung, der Erziehung und der konkreten Lebenswelt schicksalhaft beeinflusst werden. Dies zu sehen ist wichtig, aber die Faszination der verschiedenen Schicksalskräfte hat nicht selten den Sinn für die Anerkennung von Schuld und für persönliche Verantwortung völlig verdunkelt.

Zuvorkommen

Verzeihen als Überwinden von Schuld tut heute Not: Wiederaufnahme von unterbrochener oder zerbrochener Kommunikation, Wiederherstellung von früheren Kontakten und Beziehungen auf einer neuen Ebene und in einer neuen Qualität. Ohne Verzeihen wird unser Leben gnadenlos und unmenschlich. Denn jeder Mensch und jede menschliche Gemeinschaft erlebt bei sich Versagen und Schuld. Alle müssen sich mit dieser Erfahrung auseinandersetzen und sie zu bewältigen versuchen. »Verzeihung« führt man vielleicht schnell im Mund, ist aber in Wirklichkeit ungeheuer schwierig. Denn Verzeihen verlangt nicht mehr, aber auch nicht weniger, als dass wir aufeinander zugehen. Wir wissen, wie schwer das sein kann, wie lange wir uns manchmal davor drücken. Die Theologie spricht von der zuvorkommenden Gnade. Alles Aufeinander-zu-gehen ist Zuvorkommen – nicht nur im Sinne der Höflichkeit, dass wir einander zuvorkommen, sondern so, dass wir etwas riskieren, dass wir etwas in die Waagschale der Verzeihung werfen, also wir eine Vorleistung tun, dass wir Vertrauen leisten, dass wir denken, es könnte wirklich neu anfangen, dass wir die Einladung aussprechen, ohne zu wissen, ob sie angenommen wird, ohne zu wissen, ob die ausgestreckte Hand einfach verachtet wird.

Jesus hat während seines Lebens Menschen die Verzeihung der Sünden zugesprochen. Am Kreuz offenbart er diese verzeihende Liebe Gottes auf neue Weise. Der Evangelist Lukas zeigt uns, wie Jesus selbst am Kreuz noch seinen Mördern verzeiht: »Vater, vergib ihnen, denn sie wissen nicht, was sie tun« (Lk 23,34). Wenn wir Jesus am Kreuz selbst den Mördern noch verzeihen sehen, dann dürfen wir vertrauen, dass es nichts am Menschen und im Menschen gibt, was Gott nicht verzeiht. Das Kreuz vermittelt noch einmal, was das Leben Jesu bereits geoffenbart und gezeigt hat: Jesus ist ein Freund der Sünder. Verzeihung ist sein großes Angebot.

Sein Verhalten hat Jesus in vielen Gleichnissen anschaulich gemacht. Eines der schönsten Gleichnisse für Verzeihung ist das Gleichnis vom barmherzigen Vater (Lk 15,11–32). Als der Sohn, der in der Fremde unter die Räder gekommen ist, seine ganze Erbärmlichkeit erkennt und darum zum Vater heimkehrt, bleibt dieser Vater nicht drinnen im Ohrensessel sitzen und wartet kühl, bis der Herr Sohn zu Kreuze kriecht, um ihm, dem Missratenen, dann gnädig einen Winkel im Haus zuzuweisen. Sobald der Vater ihn von Weitem kommen sieht, hält es ihn nicht mehr im Haus vor Mitleid und Liebe; er, für einen Orientalen damals unvorstellbar, läuft dem Sohn von sich aus entgegen, fällt ihm um den Hals und küsst ihn. Das soll jedem Menschen geschehen: Wenn einer Unrecht tut, Gott beleidigt und schuldig wird, noch bevor er ein Wort der Entschuldigung herausbringt oder als Vorbedingung sagen muss, eilt Gott selbst von sich aus auf ihn zu, um ihn in seine Arme zu schließen!

Grenzen übersteigen

Es scheint also folgender Aspekt unabdingbar: Verzeihung im umfassenden Sinn braucht den transzendentalen Bezug, den Bezug zu Gott. Der jüdische Schriftsteller Elie Wiesel sagte einmal zu Recht, er und niemand könne verzeihen, was den Juden im Dritten Reich angetan wurde, nicht aus Verletztheit, sondern weil er sich nicht anmaßen könne, im Namen der Opfer zu sprechen, die nicht mehr verzeihen können. Es gibt eine Schuld, die so groß ist, dass wir Menschen als Menschen sie nicht mehr einander abnehmen können. Nur in wenigen Fällen ist ja auch ein direkter Opfer-Täter-Ausgleich möglich. Es gibt eine Schuld, die unsere Möglichkeiten des Verzeihens übersteigt, bei deren Bewältigung wir – nur auf uns gestellt – unsere Grenzen erfahren. Hier brauchen wir einen, der für uns eintritt: Jesus Christus, das Angebot neuen, versöhnten Lebens.

Verzeihen gelingt letztlich nur, wenn wir in die Tiefe des Geistes Jesu hinabsteigen, wenn wir uns von ihm wirklich an die Hand nehmen lassen und wenn wir wissen: Wir können der Dumme, der Tor bleiben, wenn wir die Hand ausstrecken, aber der andere nimmt sie nicht an. Verzeihung ist Verzeihungs*arbeit* und sie hat damit zu tun, Zeit zu haben füreinander; da sein, die nüchterne Gegenwart aushalten, warten bis jemand aufmachen und sich zeigen mag, einen anderen Menschen wahrnehmen und ernst nehmen, ihn annehmen, ihn ertragen und tragen; anhören und erzählen lassen, um erfahren zu können, dass man Vergangenheit tragen lernen kann, weil jemand sie mitträgt. Was von nicht Aufgearbeitetem, von Verletzungen als Protest und Klage da ist, muss erzählt werden können, damit es zur Ruhe kommen kann.

Zulassen

Verzeihen bedeutet nicht, einfach zu vergessen, was war, obwohl es in unserem Innern brodelt; heißt nicht, unsere Verletztheit eben nicht so ernst zu nehmen und dem anderen sofort wieder die Hand zu reichen. Wer gern verzeiht, muss erst sozusagen eine innere Wegstrecke zurücklegen, bevor er zum Verzeihen fähig ist. Es würde ihn gefühlsmäßig überfordern, sofort zu vergeben und sich versöhnen zu sollen. Doch das verlangt Verzeihung auch gar nicht. Am Anfang stehen - natürlicherweise und berechtigterweise - Ärger und Wut. Und nur wenn wir unsere Wut zulassen - was noch nicht heißt, beliebig ausleben, aber sie zumindest in uns selbst einmal zulassen -, kann Verzeihung wachsen, die wirklich aus dem Herzen kommt. Nur wenn sich Ärger und Zorn bemerkbar machen, ist es möglich, ihnen im Wissen um die dahinterstehenden Gedanken und Motive entgegenzuwirken.

Ein zweiter Schritt besteht im Traurigsein, vielleicht auch im Weinen über eine Beleidigung oder eine Verletzung. Wenn uns jemand beleidigt hat, nehmen wir diese Kränkung ruhig ernst, spielen wir sie nicht herunter, das ginge an der Wahrheit vorbei. Oft gehört zum Verzeihen auch anzusprechen, was war, dem anderen zu sagen, dass er einem wehgetan hat. Das eröffnet dann vielleicht den alles entscheidenden Schritt, wieder auf den anderen zuzugehen und mit ihm neu anfangen zu wollen. Auf der einen Seite muss Verzeihung innerlich wachsen, kann Zeit brauchen;

auf der anderen Seite ist sie oft ohne einen Sprung nach vorn, ohne die Entscheidung, es jetzt gut sein zu lassen, nicht möglich.

Beim Verzeihen geht es nicht nur um das Verzeihen an sich, sondern um die Ermöglichung oder Verhinderung von Zukunft, um das, was zwischen Menschen, zwischen zwei oder mehreren, nochmals sein wird oder nie mehr sein wird. Verzeihung eröffnet neue Chancen; Unversöhntheit blockt alle zukünftigen Möglichkeiten ab.

JOHANNES KREIDLER

Bildnachweis

Seite 24: Elisabeth. Frauenaltar Wasseralfingen
Seite 36: Die Frau am Jakobsbrunnen
Seite 38: Werke der Barmherzigkeit (Ausschnitt)
Seite 64: Jesus ist ins Grab gelegt worden. Bensberger Kreuzweg
Seite 76: Der leuchtende Schatten
Seite 88: Rahel weint um ihre Kinder. Rosenberger Altar (Ausschnitt)
Seite 90: Der verlorene Sohn
Seite 102: Verurteilung. Bensberger Kreuzweg

Textnachweis

Seite: 41/42/44: Hilde Domin, aus: Hilde Domin, Gesammelte Gedichte, © S. Fischer Verlag GmbH, Frankfurt am Main 1987
Seite 49: Hilde Domin, aus: Hilde Domin, Gesammelte Gedichte, © S. Fischer Verlag GmbH, Frankfurt am Main 1987
Seite 74–75: Wilhelm Bruners, © Rechte beim Autor
Seite 100–101: Hildegard Goss-Mayr, aus: Hildegard Goss-Mayr, Der Mensch vor dem Unrecht, Europaverlag, Wien, 4. Auflage 1981, S. 7f.

Mitarbeiterinnen und Mitarbeiter

Josef Birk, Pastoralreferent, Esslingen

Thomas Broch, Dr. theol., Bischöflicher Pressesprecher, Rottenburg

Ottmar Fuchs, Dr. theol, Professor für Pastoraltheologie an der Katholisch-Theologischen Fakultät der Universität Tübingen

Anna Hennersperger, Dr. theol., Leiterin des Instituts für Theologische und Pastorale Fortbildung, Freising

Susanne Herzog, Geistliche Begleiterin bei IN VIA – katholischer Verband für Mädchen – und Frauensozialarbeit und beim Sozialdienst katholischer Frauen in der Diözese Rottenburg-Stuttgart, Esslingen

Iris Horstmann, Referentin für Freiwilligendienste beim Caritasverband der Diözese Rottenburg-Stuttgart, Stuttgart

Ulrike Kostka, Privatdozentin, Dr. theol., Leiterin der Abteilung für theologische und verbandliche Grundlagen und des Präsidenten- und Vorstandsbüros des Deutschen Caritasverbands, Freiburg

Johannes Kreidler, Dr. theol., Weihbischof der Diözese Rottenburg-Stuttgart, Rottenburg

Susanne Kremer, Referentin für Fundraising beim Caritasverband der Diözese Rottenburg-Stuttgart, Stuttgart

Rainer Krockauer, Dr. theol., Professor für Katholische Theologie in den Studiengängen des Fachbereichs Sozialwesen der Katholischen Fachhochschule Nordrhein-Westfalen, Aachen

Sr. Paulin Link, Generaloberin der Franziskanerinnen von Reute, Bad Waldsee

Peter Neher, Prälat, Dr. theol., Präsident des Deutschen Caritasverbandes, Freiburg

Joachim Reber, Dr. theol., verantwortlich für Mitarbeiterseelsorge und spirituelle Bildung im Caritasverband für Stuttgart und in Einrichtungen der Paul Wilhelm von Keppler-Stiftung, Stuttgart

Eberhardt Renz, Dr. theol., Landesbischof i. R., Tübingen

Franz-Josef Scholz, Diakon, Referent für Caritastheologie beim Caritasverband der Diözese Rottenburg-Stuttgart, Stuttgart

Dorothee Steiof, Referentin für Caritastheologie beim Caritasverband der Diözese Rottenburg-Stuttgart, Stuttgart

Irme Stetter-Karp, Dr. rer. soc., Ordinariatsrätin, Leiterin der Hauptabteilung Caritas im Bischöflichen Ordinariat der Diözese Rottenburg-Stuttgart, Stuttgart

Wolfgang Tripp, Monsignore, Diözesancaritasdirektor des Caritasverbandes der Diözese Rottenburg-Stuttgart, Stuttgart

Joachim Wanke, Dr. theol., Bischof der Diözese Erfurt